中等职业教育“十四五”规划教材
职业教育课程改革规划创新教材

财务会计习题集

卓茂荣　张惠琴　主编

中国石化出版社
HTTP://WWW.SINOPEC-PRESS.COM
中国经济出版社
CHINA ECONOMIC PUBLISHING HOUSE

内 容 提 要

《财务会计习题集》是与《财务会计》教材相配套的练习册，教材共有十三个项目，每个项目都能在本习题集里找到对应的练习。每个项目的练习都分成理论与业务两部分。理论部分的题型有判断题、单项选择题和多项选择题。习题集中的业务题均来源于中小企业的会计实践。学习者通过业务训练，能大大提高财务会计实务的操作水平，为后续会计实务模拟实习打下良好的基础。

本书适合职业院校财经类专业学生和在职财务人员参考使用。

图书在版编目(CIP)数据

财务会计习题集 / 卓茂荣，张惠琴主编. — 北京 ：中国石化出版社，2021.12(2024.8 重印)
ISBN 978-7-5114-6512-2

Ⅰ. ①财… Ⅱ. ①卓… ②张… Ⅲ. ①财务会计-习题集 Ⅳ. ①F234.4-44

中国版本图书馆 CIP 数据核字(2021)第 252339 号

中国石化出版社出版发行

地址：北京市东城区安定门外大街 58 号
邮编：100011 电话：(010)57512500
发行部电话：(010)57512575
http://www.sinopec-press.com
E-mail：press@sinopec.com
北京科信印刷有限公司印刷
全国各地新华书店经销

*

787×1092 毫米 16 开本 10.25 印张 197 千字
2022 年 1 月第 1 版 2024 年 8 月第 3 次印刷
定价：32.00 元

《财务会计习题集》
编委会

主　编：

卓茂荣　福建晋江职业中专学校

张惠琴　福建晋江职业中专学校

副主编：

覃仕克　广西理工职业技术学校

林　俊　湖南常德财经中等专业学校

谭建平　福建晋江华侨职业中专学校

刘　磊　福建三明林业学校

参编学校教师：

王　磊　江苏省高邮中等专业学校

郭绍莉　河南平顶山市财经学校

徐　丹　江苏兴化中等专业学校

张　燕　江苏相城中等专业学校

丁　敏　江苏盱眙中等专业学校

杨丽娟　广西华侨学校

杨绍林　广西玉林财经学校

汪文贤　江苏常熟市滨江职业技术学校

周宇夏　广西梧州农业学校

吴青徽　广西浦北县第一职业技术学校

前言

《财务会计习题集》是与《财务会计》教材相配套的练习册，教材共有十三个项目，每个项目都能在本习题集里找到对应的练习。每个项目的练习都分成理论与业务两部分。理论部分的题型有判断题、单项选择题和多项选择题。理论题紧紧围绕着教材中的重点、难点和关键点进行设计，通过练习有助于学习者领会重点、突破难点、把握关键点。习题集中的业务题均来源于中小企业的会计实践，且绝大多数以单据方式呈现，与实际工作中会计业务的呈现方式完全接轨，学习者通过业务训练，能大大提高财务会计实务的操作水平，为后续会计实务模拟实习打下良好的基础。

本习题集在编写过程中，严格遵守《中华人民共和国会计法》《企业会计准则》《小企业会计准则》等法律、法规的规定。

本习题集的编写，得到了福建省晋江职业中专学校会计专业建设指导委员会、晋江市职业技术教育中心、福建七匹狼股份有限公司的大力支持，在此表示深深的谢意。

编　者

目录

项目一　财务会计总论

理论题

一、判断题

1. 财务会计以企业资金的预测、规范和控制为重点，向企业内部提供经营决策管理活动所需要的会计信息，也称经营型会计。（　　）

2. 相关性要求企业必须以财务会计报告使用者的决策模式和信息需要来确认、计量和报告会计信息。（　　）

3. 不同企业发生的相同或者相似的交易事项，应当采用一致的会计政策，以确保会计信息口径一致，相互可比。（　　）

4. 多数情况下，交易或事项的经济实质和法律形式是一致的。（　　）

5. 如果会计信息省略或错报会影响使用者的经济决策，说明该信息具有重要性。（　　）

6. 会计要素是组成会计报表的基本单位，是对财务会计对象所作的基本分类。（　　）

7. 资产是企业现在的交易或者事项形成的，由企业拥有或者控制的，预期会给企业带来经济利益的资源。（　　）

8. 某项现时义务，如果导致经济利益流出企业的可能性已不存在了，就不能确认为企业的负债。（　　）

9. 所有者权益的确认与计量主要取决于资产和负债的确认与计量。（　　）

10. 由于所有者权益包括了从经营利润中提取的公积金和未分配利润，因此“资产＝负债+所有者权益”实际上包含了“收入－费用＝利润”的内容。（　　）

二、单项选择题

1. 企业将融资租入固定资产视为自有资产，符合(　　)的会计信息质量要求。

A. 谨慎性　　B. 重要性　　C. 实质重于形式　　D. 可理解性

2. 相关的会计信息能够证实或者修正过去的预测，因而具有(　　)的价值。

A. 反馈　　B. 预测　　C. 分析　　D. 使用

3. 对无形折损严重的固定资产，采用加速折旧法提取折旧符合(　　)的要求。

A. 谨慎性　　B. 及时性　　C. 可理解性　　D. 重要性

4. (　　)属于资产负债表的会计要素。

A. 收入　B. 费用　C. 利润　D. 所有者权益

5. (　　)是指导会计工作的最高准则，是制订其他会计法规的依据。

A. 中华人民共和国会计法　B. 注册会计师法

C. 总会计师条例　D. 企业会计准则

6. 属于会计行政法规的有(　　)。

A. 中华人民共和国会计法　B. 注册会计师法

C. 总会计师条例　D. 企业会计准则

7. (　　)是企业内部会计工作管理的责任主体。

A. 单位负责人　B. 注册会计师　C. 会计师　D. 财务科长

8. 会计行政法规，其效力低于(　　)。

A. 会计法律　B. 会计部门规章　C. 地方性会计法规　D. 企业会计准则

9. 直接计入当期利润的利得和损失，是企业(　　)的业绩。

A. 非日常经营活动　B. 日常经营活动　C. 销售过程　D. 生产过程

10. (　　)不属于会计信息的首要质量要求。

A. 可靠性　B. 相关性

C. 可理解性　D. 重要性

三、多项选择题

1. 财务会计报告的目标是(　　)。

A. 加强企业财务管理，提高资金使用效率

B. 向财务会计报告使用者提供与企业财务状况、经营成果和现金流量等有关的会计信息

C. 反映管理层受托责任的履行情况

D. 反映企业监事会监督责任的履行情况

2. 企业应当在符合(　　)前提下，保证会计信息的完整性。

A. 重要性　B. 谨慎性　C. 可比性　D. 成本效益原则

3. 从会计要素出发，将会计科目分为资产类、负债类、共同类、(　　)六大类。

A. 收入类　B. 成本类　C. 损益类　D. 所有者权益类

4. “资产=负债+所有者权益”这一等式(　　)的理论依据。

A. 复式记账　B. 试算平衡　C. 编制报表　D. 平行登记

5. 约束企业经济行为和会计行为的各类规范主要有(　　)。

A. 会计法律　B. 会计行政法规　C. 会计部门规章　D. 地方性法规

业务题

红华公司的部分经济事项，写出相关的会计科目(生产皮鞋，原料为皮革)

1. 收到一张商业承兑汇票。

2. 库存100双黑色高跟皮鞋。

3. 付款取得土地的使用权。

4. 尚未收取的销货款一笔。

5. 预付下年度的保险费。
6. 出纳保管的现款。
7. 发生罚款支出。
8. 林玲预借差旅费。
9. 销售低跟皮鞋的收入。
10. 向银行借入借款，期限为1年。
11. 开办费200 000元，需摊销5年。
12. 取得罚款的收入。
13. 购买七匹狼股票，定于3年后出售。
14. 销售白色皮革的收入。
15. 购皮革欠彩虹工厂的货款。
16. 向银行贷款，二年后偿还。
17. 包装物出租的取得租金收入。
18. 应交的教育附加费。
19. 未付职工的工资和奖金。
20. 产品的检测费。
21. 法定财产重估增值。
22. 厂部应承担的水电费。
23. 计提短期借款的利息。
24. 1~10月份的利润累计。
25. 开出一张银行承兑汇票。
26. 尚未分配的利润。
27. 收到投资人的投资。
28. 存在银行里的款项。
29. 未交的增值税。
30. 银行借款的利息。
31. 接受外商的捐赠。
32. 皮鞋的广告费。
33. 盘亏割皮机一台。
34. 公司的仓库二座。
35. “华丽凤”商标的使用权。
36. 计算所得税为200 000元。
37. 收到百联商场预订的皮鞋款。
38. 计算正在生产皮鞋成本。
39. 精美包装箱子一批。
40. 采购羊皮一批，已验收入库。
41. 付款订购牛皮100张。
42. 尚未支付投资者的利润。
43. 已销售皮鞋的成本。
44. 企业日常存款利息。
45. 提取的法定公积金。
46. 城市维护建设税和教育费附加。

项目二　货 币 资 金

理论题

一、判断题

1. 库存现金是由企业财会部门掌握、用以支付日常零星开支的库存资金。（　　）
2. 当日收到的现金必须于当日送存开户银行。（　　）
3. 企业要在现金使用范围内使用现金，收取现金则没有界定收取范围。（　　）
4. 不得使用不符合会计制度的单据顶替库存现金，即“白条顶库”。（　　）
5. 签发支票时，未在支票上记载收款人名称的，支票无效。（　　）
6. 未填写实际结算金额或实际结算金额超过出票金额的银行汇票不得背书转让。（　　）
7. 准贷记卡的持卡人在发卡行核准的信用额度内可以先消费后还款。（　　）
8. 银行存款日记账与银行对账单余额不符都是由未达账项造成的。（　　）
9. 出纳员可以兼任稽核工作，也可以兼任债权债务、收入费用等账目的登记。（　　）
10. 第三方支付平台是指由信誉度高、实力强的第三方企业建立的独立于银行的第三方交易支付机构，是在银行直接支付环节中增加的一个中介平台。（　　）

二、单项选择题

1. 库存现金日记账，其账页格式一般采用(　　)。

A. 多栏式　　B. 三栏式　　C. 横线登记式　　D. 二栏式

2. 一个单位只能开设一个(　　)存款账户。

A. 基本　　B. 一般　　C. 专用　　D. 临时

3. 库存现金限额一般为企业(　　)的日常零星开支额。

A. 1~3 天　　B. 3~5 天　　C. 10 天　　D. 15 天

4. 下列项目中，不属于货币资金的是(　　)。

A. 库存现金　　B. 银行存款　　C. 交易性金融资产　　D. 其他货币资金

5. 库存现金盘亏，如果是日常收付中因找零等原因发生的正常短少，按《小企业会计准则》的规定，应计入(　　)。

A. 管理费用　　B. 营业外支出　　C. 财务费用　　D. 销售费用

6. 支票可以分成现金支票、转账支票和普通支票，(　　)既可转账也可提取现金。

A. 现金支票　　B. 转账支票　　C. 普通支票　　D. 划线支票

7. 其他货币资金不包括(　　)。

A. 银行本票　　B. 银行汇票　　C. 商业汇票　　D. 在途资金

8. 下列银行转账结算方式中，(　　)不受起点金额限制。

A. 委托收款　　B. 托收承付　　C. 支票　　D. 银行本票

9. 公款私存是指(　　)。

A. 保留账外公款

B. 利用支票等转账结算凭证套换现金

C. 将单位现金收入作为个人储蓄存入银行

D. 设置"小金库"

10. 某企业谎报用途套取现金 100 万，可处罚金(　　)元。

A. 10 万 ~30 万　　B. 10 万 ~50 万　　C. 30 万 ~50 万　　D. 30 万 ~60 万

三、多项选择题

1. 下列(　　)违背了银行存款管理的一般规定。

A. 开设二个以上的专用存款账户　　B. 出租本企业的银行存款账户

C. 签发空头支票　　D. 利用企业账户代其他单位存取现金

2. 银行汇票签发行应当将(　　)一并提交给申请人。

A. 银行汇票　　B. 进账单　　C. 解讫通知　　D. 存根联

3. 企业发生下列事项，可以使用现金支付的有(　　)。

A. 职工甲领取本月工资 5 000 元　　B. 职工乙预借差旅费 10 000 元

C. 向农户收购农副产品 9 000 元　　D. 职工丙生病，给予困难补助 10 000 元

4. 企业使用现金，可以从(　　)。

A. 企业的现金收入中直接支付　　B. 其他单位借入

C. 开户银行提取　　D. 库存现金限额中支付

5. 企业在电商平台进行商品采购，当确认收货时，应根据收货单、增值税专用发票以及电商平台打印的支付凭证(　　)账户。

A. 借记"原材料或库存商品"　　B. 借记"应交税费——应交增值税"

C. 贷记"其他货币资金"　　D. 贷记"银行存款"

6. 企业货币性资产包括货币资金和(　　)等。

A. 应收账款　　B. 应收票据

C. 其他应收款　　D. 准备持有至到期的债券投资

业务题

(一) 著成服饰有限公司 2021 年 5 月 1 日的现金业务

业务一：有关原始凭证见图 2-1、图 2-2。

中国工商银行

现金支票存根

支票号码 NO 100789

附加信息

出票日期 2021 年 5 月 1 日

收款人：福建著成服饰有限公司	
金额：¥2000.00元	
用途：备用	

单位主管：成庄印著 会计：杨佳兴

图 2-1

工商银行进账单（回单） 1

2021 年 5 月 1 日

出票人	全称	著成服饰股份有限公司	收款人	全称	著成服饰股份有限公司
	账号	350125966124756		账号	350125966124756
	开户银行	中国工商银行晋江支行		开户银行	中国工商银行晋江支行

金额	人民币（大写）	贰仟元整	千	百	十	万	千	百	十	元	角	分
							¥	2	0	0	0	0	0

票据种类	现金支票	票据张数	1
票据号码	100126		
复核	记账	开户银行盖章	

中国工商银行福建省分行 晋江支行 2021.5.1 转讫

出票人开户行交给出票人的回单联

图 2-2

业务二：有关原始凭证见图 2-3。

借　款　单

日期：2021年5月1日　　　　NO：2015038

借款单位或部门：厂长办公室（著成服饰）	借款人：才向前
借款理由：预借差旅费	
借款数额：人民币（大写）壹仟伍佰元整	¥ 1500.00
本单位负责人：同 意 预 借 成庄印著	会计主管：杨佳兴
出　　纳：黄洋洋	付款方式：付现

现金付讫

图 2-3

业务三：有关原始凭证见图 2-4。

福建泉州商业零售小额发票

发票联

客户：著成公司（车间用）　　2021 年 5 月 7 日　　NO：2058743

品名	规格	单位	数量	单价	金额 万	千	百	十	元	角	分
润滑油		瓶	1	56.25				5	6	2	5
验收：刘小强		现金付讫									
合计人民币（大写）零仟零佰伍拾陆元贰角伍分							￥	5	6	2	5

企业盖章：（发票专用章）　财务：　复核：陈英华　填票：林花久

图 2-4

业务处理

（著成公司的会计主管兼审核杨佳兴、出纳黄洋洋、制单、记账均为读者）

1. 按现金管理规定审核原始凭证的真实性、合法性、准确性、完整性。（略）
2. 根据审核无误的单据编记账凭证(业务一、二、三分别编在图 2-5、图 2-6、图 2-7 上)。

通用记账凭证

年　月　日　　记第　号

摘要	会计科目 总账	明细账	过账	借方金额 百	十	万	千	百	十	元	角	分	贷方金额 百	十	万	千	百	十	元	角	分
附件　张	合　计																				

会计主管　　记账　　出纳　　审核　　制单

图 2-5

通用记账凭证

年　月　日　　记第　号

摘要	会计科目 总账	明细账	过账	借方金额 百	十	万	千	百	十	元	角	分	贷方金额 百	十	万	千	百	十	元	角	分
附件　张	合　计																				

会计主管　　记账　　出纳　　审核　　制单

图 2-6

通用记账凭证

年　月　日　　　　　　　　记第　号

摘要	会计科目		过账	借方金额									贷方金额								
	总账	明细账		百	十	万	千	百	十	元	角	分	百	十	万	千	百	十	元	角	分
附件　张	合　计																				

会计主管　　记账　　出纳　　审核　　制单

图 2-7

3. 根据审核无误的记账凭证或单据，登记“库存现金日记账”(登记在图 2-8)上。

库存现金日记账

21年		凭证号数	票据号数	摘要	借方金额									核对	贷方金额									核对	余额									核对
月	日				百	十	万	千	百	十	元	角	分		百	十	万	千	百	十	元	角	分		百	十	万	千	百	十	元	角	分	
4	30			本月合计			5	1	0	8	8	0	0				5	1	0	3	7	0	0						2	0	9	0	0	✓

图 2-8

4. 假设著成公司 2021 年 5 月 1 日只发生三笔现金业务，请在“库存现金日记”账上进行日结(即在图 2-8 结出当日收入合计数、当日支出合计数、当日结存数)。

(二) 著成服饰有限公司 2021 年 5 月 31 日的现金业务

业务一：有关原始凭证见图 2-9。

库存现金清查盘点报告表

日期：2021 年 5 月 31 日　　**NO：20150129**

账面余额	实存金额	清查结果		备注
		盘盈	盘亏	原因待查
850.00	859.09	9.09		
单位负责人处理意见				

第二联 记账联

盘点人：刘少省　　出纳员：黄洋洋　　制 单：刘少省

图 2-9

业务处理

（审核原始凭证、登记现金日记账等业务均略过）

根据图 2-9 编制记账凭证（以会计分录代替）。

业务二： 盘盈现金的金额低，原因难查清，按《企业会计准则》的规定处理（单据略）。

业务处理

（审核原始凭证、登记现金日记账等环节均略过）

请编制相应的记账凭证（以会计分录代替）。

（三）著成服饰有限公司 2021 年 6 月 30 日的银行存款清查业务

著成服饰开户银行提供的银行存款对账单如图 2-10 所示。

银行存款对账单

21年 月	日	结算凭证号码	摘要	借方金额（百十万千百十元角分）	贷方金额（百十万千百十元角分）	余额（百十万千百十元角分）
6	20	略	略			28335000
6	21	现金支票 161125	提取现金	100000		28235000
6	22	电汇凭证 9354508	收回货款		2632500	30867500
6	25	电汇凭证 9227082	归还货款	3159000		27708500
6	27	转账支票 451001	收到投资款		15000000	42708500
6	30	委托收款 500513	支付水费	60000		42648500
6	30	电汇凭证 715906	预收货款		5000000	47648500

中国工商银行晋江支行金井营业部 2016 年 4 月 30 日

图 2-10

著成服饰 2021 年 6 月 21 日至 6 月 30 日的“银行存款日记账”如图 2-11 所示。

银行存款日记账

会计主管人员盖章：杨佳兴

21年 月	日	凭证号数	结算方式	摘要	借方金额（百十万千百十元角分）	核对	贷方金额（百十万千百十元角分）	核对	结存（百十万千百十元角分）	核对
6	20		略	略					28335000	✓
6	21	银付 012	现金支票 161125	向银行提现			100000	✓	28235000	✓
6	22	银收 015	电汇凭证 9354508	收回货款	5265000	✓			33500000	✓
6	25	银付 012	电汇凭证 9227082	归还货款			3159000	✓	30341000	✓
6	27	银收 016	转账支票 451001	收到投资款	15000000	✓			45341000	✓
6	28	银收 017	转账支票 832008	收到违约金	2500000	✓			45591000	✓
6	30	银付 012	转账支票 108903	预付购料款			3000000	✓	42591000	✓

图 2-11

要求：核对银行对账单和银行存款日记账(假设登记正确无误)，找出未达账项。

业务处理

请根据找出的未达账项，在图 2-12 上编制“银行存款余额调节表”。

银行存款余额调节表

银行账号：——— 2021 年 6 月 30 日 币种：人民币

银行对账单	金额									银行存款日记账	金额								
	百	十	万	千	百	十	元	角	分		百	十	万	千	百	十	元	角	分
调节前的余额										调节前的余额									
加：企业已收、银行未收的金额										加：银行已收、企业未收的金额									
减：企业已付、银行未付的金额										减：银行已付、企业未付的金额									
调节后的余额										调节后的余额									

会 计：杨佳兴 出 纳：黄洋洋

图 2-12

(四) 著成服饰有限公司 2021 年 5 月 10 日的其他货币资金业务(见图 2-13)

中国××银行晋江市分行签发本票

申请书（存根）

申请日期 2021 年 5 月 10 日 第 号

收款单位或个人名称 福建泉州市七匹鹰股份公司 本票号码 5882016413

本票金额（大写） 人民币壹拾万元整

申请人名称 著成服饰股份有限公司

申请人地址（或账号） 3521592376789

申请人签章 （印章：32723609025 发票专用章）

银行出纳 王春琴 复核 刘明华 记账 李久久 验印 张安冷

此联由申请人留存，代记账凭证

图 2-13

业务处理

(审核原始凭证、登账等环节均略过)

根据图 2-13 请编制相应的记账凭证(以会计分录代替)：

（五）第三方支付平台结算业务

2021 年 5 月 9 日，福建著成服饰股份有限公司向广东深光电子厂销售 T 恤 400 件，增值税专用发票见图 2-14，价税款通过支付宝平台进行结算。

福建省增值税专用发票

此联不作报销、扣税凭证使用

机器编号：352006015279

开票代码：0423005100252
开票号码：0219235819
开票日期：2021 年 5 月 13 日
校 验 码：21935 88587 49518 93548

购买方	名 称：广东深光电子厂 纳税人识别号：44030 32258 12679 255 地址、电话：深圳市香港路 97 号 0755—7015812 开户行及账号：建行深圳宝安支行 1052 3333 6666 8888	密码区	*2*+32130<-1+3]0-905/*3[1*3->+513+1209>>A8</4998 7+3001←29-56>0[+369=900 +9<014>>>2+/3%15><432007

货物或应税劳务、服务名称	规格型号	单位	数量	单价	金 额	税率	税 额
*服装*T 恤		件	400	29.00	11 600.00	13%	1 508.00
合 计					￥11 600.00		￥1 508.00
价税合计（大写）	⊗壹万叁仟壹佰零捌元整				（小写）￥13 108.00		

销售方	名 称：福建著成服饰股份有限公司 纳税人识别号：91350 58200 13356 789 地 址、电 话：晋江工业园区 0595—8320812 开户行及账号：中国农业银行晋江支行 6381 0072 5844 0513	备注	福建著成服饰有限公司 350582001393 发票专用章

收款人： 复核： 开票人：曾 林 销货方：（章）

第一联：记账联 销售方记账凭证

图 2-14

业务处理

（审核原始凭证、登账等环节均略过）

请根据图 2-14 和电商平台打印的交易记录（略），编制相应的记账凭证（以会计分录代替）。

项目三　应收及预付款项

理论题

一、判断题

1. 应收及预付款项是企业在日常生产经营过程中发生的各项短期债权。（　　）
2. 目前，应收账款一般以减除现金折扣后的净额作为入账价值即采用净价法。（　　）
3. 企业预付账款即使不多，也不可以并在“应付账款”账户中核算。（　　）
4. 商业汇票的贴现利息=票据到期值×贴现天数×年贴现率÷360。（　　）
5. 发生商业折扣，应收账款的入账价值应按扣除折扣后的实际销售额确认。（　　）
6. 商业承兑汇票贴现银行无追索权。（　　）
7. 其他应收款是由商业企业非营业活动引起的各种应收债权和暂付款项。（　　）
8. 坏账是指企业无法收回或收回可能性很小的应收及预付款项。（　　）
9. 企业坏账损失必须采用备抵法；小企业没有发生坏账时不提坏账准备。（　　）

10. 备用金是企业为内部单位或个人准备的货币资金，以满足这些部门或个人日常零星开支或出差等业务的需要。（　　）

二、单项选择题

1. 销售折让是企业(　　)。

A. 因出售商品的质量不合要求或其他原因而在价款上给购买方的减让

B. 对在折扣期内付款的客户，在总价款上给予一定的优惠

C. 根据供求关系、目标客户或其他因素，在商品标价上给予一定的扣除

D. 在商品交易中最常见的促销手段

2. 信用条件“1/10”的含义是(　　)。

A. 无条件给予总价 1%的现金折扣　　B. 无条件给予总价 10%的现金折扣

C. 如果在十天内支付价款，则给予总价 1%的现金折扣

D. 如果在一天内支付价款，则给予总价 10%的现金折扣

3. 商业汇票的票面利率、到期日等基本情况一般应在(　　)上登记。

A. 应收票据明细账　　B. 应收票据总账

C. 应收票据备查账　　D. 由登账人自由选择

4. 小企业发生备用金，如果不使用“备用金”科目，应当使用(　　)科目进行核算。

A. 其他货币资金　　B. 其他应收款　　C. 应收账款　　D. 其他往来

5. 如果发生商业折扣，企业应收账款的入账价值应根据(　　)确认。

A. 未扣除商业折扣的名义销售额确认

B. 扣除商业折扣后的实际销售额确认

C. 商业折扣率高的按实际销售额确认，商业折扣率低的按名义销售额确认

D. 没有规定，由企业自行决定

6. 小企业实际发生坏账时，应借记(　　)。

A. 坏账准备　　B. 应收账款　　C. 管理费用　　D. 营业外支出

7. 采用备抵法，企业实际发生坏账时，应借记(　　)。

A. 坏账准备　　B. 应收账款　　C. 管理费用　　D. 营业外支出

8. 企业备用金采用定额备用制核算时，平时报销应贷记(　　)。

A. 银行存款或库存现金　　B. 其他应收款

C. 管理费用　　D. 备用金

9. 小企业确认为坏账并转销的应收款项又收回的，则按实际收到数额贷记(　　)。

A. 营业外收入　　B. 营业外支出　　C. 管理费用　　D. 应收账款

10. 销售折让发生在企业确认收入之后则(　　)。

A. 视同现金折扣　　B. 视同商业折扣

C. 冲减当期销售收入　　D. 记入营业外支出

三、多项选择题

1. 应收及预付款项包括(　　)。

A. 应收账款　　B. 预收账款　　C. 应收票据　　D. 应付账款

2. 商业汇票按承兑人的不同分为(　　)。

A. 商业承兑汇票　　B. 银行承兑汇票　　C. 保证人承兑汇票　　D. 政府承兑汇票

3. 应收账款的入账价值包括(　　)。

A. 应收未收的销货款或劳务款

B. 应收未收的增值税销项税额

C. 因商品销售支付的各项包装费、运杂费等

D. 代购货单位垫付的各种费用

4. 备抵法在计算坏账准备的提取金额时又有(　　)计算方法。

A. 账龄分析法　　B. 销货百分比法

C. 应收账款余额百分比法　　D. 全额转销法

5. 企业货款及应收款项符合(　　)中的一项或几项的均可确认为坏账。

A. 债务人破产，用其剩余资产偿还后仍不能收回的

B. 债务人变更公司名称

C. 债务人死亡，用其遗产偿还后仍不能收回的

D. 债务人逾期三年尚未归还，并有证据表明回收可能性极小的应收款项

业务题

业务一：苏喜服饰股份有限公司 2021 年 5 月 13 日的业务如图 3-1～图 3-4 所示。

中国工商银行

转账支票存根

B Y / 0 2　0089053

附加信息

出票日期 2021 年 5 月 13 日

收款人：福建晋江海通物流公司	
金额：1090.00 元	
用途：代垫运费及增值税	

单位主管：苏秀喜印　会计：刘东来

图 3-1

代垫费用清单（存根）①

日期：2021 年 5 月 13 日　　No. 160403

单位名称	厦门海西商城	费用项目	运杂费　（从晋江至厦门商城）
金　　额	壹仟零玖拾元整　　¥1090.00	附送单据	2 张

单位：　福建苏喜服饰有限公司　　复核：刘东来　　制单：王德岗

图 3-2

福建省增值税专用发票

此联不作报销、扣税凭证使用

开票代码：042 005100234
开票号码：9891823050
开票日期：2021 年 5 月 13 日
校 验 码：58115 99658 14958 83524

机器编号：350005015612

购买方	名　　称：厦门海西商业城 纳税人识别号：350582003137 地 址、电 话：厦门飞翔路 18 号 8520812 开户行及账号：翔安工行 350256912347651	密码区	1*6*+03193<-9-2>0-3905/* 27*->+2-1+1128>0>8<6/493 2-3900←62-65>0/-136=999 +08<14>>>>2/3>>3><942011

货物或应税劳务、服务名称	规格型号	单位	数量	单价	金　额	税率	税　额
夹克衫		件	1500	198.00	297 000.00	13%	38 610.00
合　计					¥297 000.00		¥38 610.00
价税合计（大写）	※叁拾叁万伍仟陆佰壹拾元整				（小写）¥335 610.00		

销售方	名　　称：福建苏喜服饰有限公司 纳税人识别号：350582001393 地 址、电 话：晋江工业园区 0595-8320812 开户行及账号：晋江工行英林分理处 350125966124756	备注	福建苏喜服饰有限公司 320723604960312 发票专用章

第一联：记账联 销货方记账凭证

收款人：　　复核：　　开票人：林美艺　　销货方：（章）

图 3-3

中国工商银行异地托收承付结算凭证（回单）　　第　　号

委托日期　2021 年 5 月 13 日　　托收号码：

付款人	全　称	厦门海西商城	收款人	全　称	福建苏喜服饰有限公司		
	账号或地址	350256912347651		账　号	350125966124756		
	开户银行	厦门工行翔安分理处		开户银行	晋江工行英林分理处	行号	3225
委托金额	人民币（大写）	叁拾叁万陆仟柒佰元整			千 百 十 万 千 百 十 元 角 分	¥ 3 3 6 7 0 0 0 0	

附　　件		商品发运情况	合同名称号码
附寄单证张数或册数	2 张	2021 年 5 月 13 日发运	中国工商银行福建省分行 晋江支行 21.5.13 转讫　0835
备注：	款项收妥日期 年　月　日	收款人开户银行盖章　月　日	

此联是收款单位开户银行给收款人的回单

图 3-4

业务处理

1. 审核原始凭证(包含对入账金额的审核)。

应收账款的入账金额=

2. 编制记账凭证(用会计分录代替)：

3. 登记银行存款日记账、主营业务收入明细账、应交税费和应收账款的明细账(略)。

业务二：假设业务(一)现金折扣的信用条件为“1/10、n/20”(只折扣价款，不折扣税金)，著成公司在 10 日内收到了厦门海西商城款项 333 730 元，请根据有关单据(略)编制记账凭证(用会计分录代替)：

业务三：2021 年 5 月 15 日，苏喜服饰销售新款连衣裙 300 件给厦门海西商城，每件不含税售价 200 元，增值税税率 13%(增值税专用发票略)。海西商城来取货时，收到其签发的为期三个月的不带息商业承兑汇票一张，如图 3-5 所示。

商业承兑汇票 2 $\frac{A}{0}\frac{A}{1}$ 8375160510

出票日期（大写）贰零贰壹年伍月壹拾伍日

付款人	全称	厦门海西商城	收款人	全称	福建苏喜服饰有限公司
	账号	350256912347651		账号	350125966124756
	开户银行	厦门翔安工商银行		开户银行	晋江工商银行英林分理处
出票金额	人民币（大写）	陆万柒仟捌佰元整		千百十万千百十元角分	¥ 6 7 8 0 0 0 0
汇票到期日	贰零壹玖年捌月零壹拾日	付款人开户行	行号	3275	
交易合同号码	0009231605108		行址	厦门市翔安区飞翔路 9—11 号	
出票人盖章		备注：			

收款行寄付款行作借方凭证附件

图 3-5

业务处理

1. 收到商业汇票后妥善保管，并在应收票据备查账簿上登记(略)。
2. 根据图 3-5 及相关资料编制记账凭证(用会计分录代替)：

业务四：2021 年 6 月 15 日，苏喜公司将商业承兑汇票贴现，票据贴现凭证如图 3-6 所示。

票据贴现凭证（收账通知） 4

填写日期 2021 年 6 月 15 日　　　　第　　号

申请人	全称	福建苏喜服饰有限公司	贴现汇	种类及号码	商业承兑汇票
	账号	350125966124756		发票日	2021 年 5 月 15 日
	开户银行	晋江工行英林分理处		到期日	2021 年 8 月 15 日
汇票承兑人	厦门海西商城	账号	350256912347651	开户银行	厦门翔安工行
汇票金额	人民币（大写）	陆万柒仟捌佰元整		千百十万千百十元角分	¥ 6 7 8 0 0 0 0
年贴现率	6 %	实付金额		千百十万千百十元角分	¥ 6 7 1 2 2 0 0
贴现利息	678.00				
上述款项已入你单位账户。此致 银行盖章 2021 年 6 月 15 日		备注：			

图 3-6

业务处理

1. 贴现的计算(列出计算式)。

(1) 贴现利息=

(2) 贴现净额=

2. 根据图 3-6 及相关资料编制贴现的记账凭证(用会计分录代替):

业务五:2020 年 12 月 31 日，苏喜公司财务会计开始计提本年度的坏账准备，请你以该公司会计人员身份将原始凭证(见图 3-7)中空格填写完整。

苏喜公司坏账准备提取表

2020 年 12 月 31 日　　　　提取比例：5%

本年应提取或冲销的坏账准备金额①	应收账款年末余额②	应收账款年初余额③	本年确认的坏账金额④	确认为坏账后又在本年收回的金额⑤
	5 000 000	2 000 000	15 000	35 000
备　　注	①＝（②－③）×提取比例＋④－⑤			

审核：刘东来　　　　制表：张思思

图 3-7

业务处理

1. 列出本年应提取或冲销坏账准备金额的计算式。

2. 根据填写完整的图 3-7 编制记账凭证(用会计分录代替):

业务六

1. 2021 年 3 月，经董事会同意，将一批应收款项确认为坏账，原始凭证见图 3-8。

坏账损失确认通知

因南强集团资不抵债且企业资产均为不良资产，确认南强集团所欠款项 50 000 元已无法收回，经公司领导确认批准，同意注销该笔应收账款。

总经理 秀苏印喜　　　　会计主管 刘东来

2021 年 3 月 31 日

图 3-8

2. 2021 年 9 月，南强集团资产重组成功，新股东通过汇兑结算方式归还南强集团所欠本公司账款人民币 50 000 元。该笔账款已在 2021 年 3 月确认为坏账。南强还款的原始凭证如图 3-9 所示。

中国工商银行电子汇兑贷方凭证（收款通知）

发报行	行号	06818	编制日期	2021. 9. 25	收报行	行号 28957	号码	2981
	行名	南京工商银行钟楼营业部				行名	晋江工行	
收款单位	账号	350125966124756			收 款 行 名 称			此联代收款通知
	名称	福建苏喜服饰有限公司			晋江英林分理处			
金额（大写）：伍万元整				￥50 000.00				
付款单位名称：南强集团 （账号）、事由 ：归还前欠账款				业 务 种 类	汇兑			
上列款项已代转账，如有错误，请持此联来行面洽，此致（开户业） （银行盖章） 年 月 日 （中国工商银行福建省分行 晋江支行 2021. 9. 25 转讫）			上列款项已照收无误 证件名称 证件号码 （收款单位章）2021 年 9 月 25 日 （福建苏喜服饰有限公司 320723604960312 发票专用章）		科目（贷） 对方科目 记账 复核 核押 出纳			

（报告表号） （业务编号） 转账日期：

图 3-9

业务处理

1. 根据图 3-8 编制记账凭证(以会计分录代替)：

2. 根据图 3-9 及有关资料编制记账凭证(以会计分录代替)。

(1) 收回已确认的坏账，款项存入银行的会计分录：

(2) 之前将该笔应收款项确认为坏账，现给予冲回的会计分录：

项目四　存　货

理论题

一、判断题

1. 存货是企业在日常活动中持有以备出售的产成品或商品，处在生产过程中的在产品、在生产过程或提供劳务过程中耗用的材料和物料。（　　）

2. 永续盘存制对存货的管理较为规范、科学，能确保存货不出现问题。（　　）

3. 绝大多数企业或企业里的绝大多数存货都采用实地盘存制。（　　）

4. 存货按计划价格进行核算时，材料采购账户必须以计划价格反映。（　　）

5. 存货实地盘存制可能使存货由各种差错引起的短少以及非正常损失全部挤入销售或耗用的成本中，从而掩盖了存货管理中存在的问题。（　　）

6. 企业外购存货的采购成本是指存货从采购到验收入库前发生的与采购行为有直接关系的所有支出。（　　）

7. 对于小企业盘亏的存货，无论是正常损失还是非正常损失，其净损失均应当计入营业外支出。（　　）

8. 小企业也要对存货提取跌价准备。（　　）

9. 当存货成本高于可变现净值时，存货按成本计量。（　　）

10. 自制半成品，是指经过一定生产过程并已检验合格交付半成品仓，但仍需继续加工才能成为商品产品的中间产品。（　　）

二、单项选择题

1. 下列存货中，（　　）应采用永续盘存制。

A. 单价不高、自然损耗较大、数量不稳定的存货

B. 商业零售企业的鲜活商品

C. 施工企业的粗沙、碎石等

D. 商业零售企业的金银首饰

2. 采用（　　），存货的实物流动与成本流动相一致。

A. 个别计价法　　B. 先进先出法　　C. 加权平均法　　D. 后进先出法

3. 所谓的实地盘存制，是指平时在存货的明细账中（　　）。

A. 只登记收入材料的数量和金额

B. 只登记发出材料的数量和金额

C. 只登记收入、发出材料的数量，不登记收入、发出材料的金额

D. 既登记收入材料的数量和金额，也登记发出材料的数量和金额

4. (　　)适用于存货收入批次较多、数量较大、价格波动不大的存货。

A. 先进先出法　　B. 加权平均法　　C. 个别计价法　　D. 后进先出法

5. 一般纳税人在资产负债表日，当存货成本高于可变现净值时，按其差额提取存货跌价准备时，应借记(　　)。

A. 存货跌价准备　　B. 管理费用　　C. 营业外支出　　D. 资产减值损失

6. 存货盘亏，按税法规定，存货的增值税已抵扣的进项税额需要转出的是(　　)。

A. 自然损耗，定额内损耗　　B. 意外事故

C. 自然灾害如台风、地震等造成的损失　　D. 管理不善造成被盗、丢失、霉烂变质

7. 可以进入存货采购成本的相关税费不包括(　　)。

A. 消费税　　B. 进口关税

C. 一般纳税人增值税进项　　D. 小规模纳税人增值税进项

8. 存货按存放地点可以分成(　　)等。

A. 委托加工存货　　B. 自制半成品　　C. 低值易耗品　　D. 外购商品

9. 提了跌价准备的存货对外出售，在结转成本的同时应冲减已提跌价准备(　　)。

A. 借：存货跌价准备　贷：主营业务成本(或其他业务成本)

B. 借：资产减值损失　贷：主营业务成本(或其他业务成本)

C. 借：主营业务成本(或其他业务成本)　贷：存货跌价准备

D. 借：主营业务成本(或其他业务成本)　贷：资产减值损失

10. 随同产品出售不单独计价的包装物，领用时，应借记(　　)。

A. 管理费用　　B. 销售费用　　C. 包装物　　D. 营业外支出

三、多项选择题

1. 某项货物既要符合存货的定义，还要同时满足(　　)条件，才能确认企业为存货。

A. 该项货物包括的经济利益很可能流入企业

B. 该项货物存放在本企业

C. 该项货物的成本能够可靠计量

D. 企业对该项货物拥有使用权

2. 发出存货采用先进先出法，下列说法正确的有(　　)。

A. 随时结转存货成本，及时反映存货资金占用的情况

B. 发出存货的成本，与这种存货的现行市场成本价最接近

C. 期末库存存货的成本，与这种存货的现行市场成本价最接近

D. 当物价持续下跌时，采用先进先出法符合谨慎性原则

3. 下列各项中不应列入“包装物”科目核算的有(　　)。

A. 随同产品出售单独计价的包装物

B. 以出售为目的的自制包装物
C. 用于储存和保管存货而不对外出售的包装物
D. 各种包装材料如纸、绳、铁丝、铁皮等
4. 存货可变现净值等于(　　)。
A. 估计售价(直接用于出售的存货)
B. 估计售价-估计销售费用和相关税金(直接用于出售的存货)
C. 估计售价-至完工估计将发生的成本(加工后出售的存货)
D. 估计售价-至完工估计将发生的成本-估计销售费用和相关税金(加工后出售的存货)
5. 编制资产负债表时，(　　)应当作为“存货”项目的增加额。
A. 原材料期末余额　　B. 生产成本期末余额
C. 制造费用本期发生额　　D. 存货跌价准备期末余额
6. 作为企业的“存货”，有如下特点(　　)。
A. 相对无形资产，存货有实物形态
B. 相对长期资产，存货有较强的流动性
C. 存货变现能力不如货币资产，并有发生损失的可能性
D. 持有存货的目的是为了耗用而非出售

业务题

业务一：上海市四喜服饰有限公司根据有关原始单据，对 2021 年 10 月份“材料——PU 革”的初期结存及本月进出仓情况进行汇总，如图 4-1 所示。请分别采用个别计价法、先进先出法、加权平均法计算本月发出 PU 革的单价、金额，月末结存 PU 革的数量、单价、金额，并根据有关会计凭证，登记到 PU 革的“物资明细账”中。

时　间	摘　要	数量(米)	单　价	金　额	备　注
10 月 01 日	上月结存	400	15.10	6 040	1601 批次
10 月 09 日	购入	2 400	15.25	36 600	1602 批次
10 月 12 日	发出	2 400	领用 1602 批次		
10 月 18 日	购入	600	15.35	9 210	1603 批次
10 月 21 日	发出	1 000	领用 1601 批次、1603 批次		
10 月 30 日	购入	500	15.30	7 650	1604 批次

图 4-1

业务处理

1. 将采用个别计价法的处理结果填写在图 4-2 上。
2. 将采用先进先出法的处理结果填写在图 4-3 上。
3. 将采用加权平均法的处理结果填写在图 4-4 上。

名称及规格： PU 革　　　　**物资明细账**　　　　**最高储备量：** 4000

存放地点： 第 1 仓库　　　　**最低储备量：** 400

21年		凭证	摘要	借（收入）方				核对号	贷（发出）方				结存			
月	日			批号	数量	单价	金额		批号	数量	单价	金额	批号	数量	单价	金额
10	1	略	结存										1601	400	15.10	6 040

图 4-2

名称及规格： PU 革　　　　**物资明细账**　　　　**最高储备量：** 4000

存放地点： 第 1 仓库　　　　**最低储备量：** 400

21年		凭证	摘要	借（收入）方										核对号	贷（发出）方										结存									
月	日			数量	单价	十	万	千	百	十	元	角	分		数量	单价	十	万	千	百	十	元	角	分	数量	单价	十	万	千	百	十	元	角	分
10	1	略	结存																						400	15.10			6	0	4	0	0	0

图 4-3

名称及规格： PU 革　　　　**物资明细账**　　　　**最高储备量：** 4000

存放地点： 第 1 仓库　　　　**最低储备量：** 400

21年		凭证	摘要	借（收入）方										核对号	贷（发出）方										结存									
月	日			数量	单价	十	万	千	百	十	元	角	分		数量	单价	十	万	千	百	十	元	角	分	数量	单价	十	万	千	百	十	元	角	分
10	1	略	结存																						400	15.10			6	0	4	0	0	0

图 4-4

业务二：2021 年 10 月 9 日一般纳税人上海四喜公司从一般纳税人广东天富棉纺厂购进锦棉布，增值税专用发票(略)显示：数量 5 000 码，单价 20 元，金额 100 000 元，税额 13 000 元；天富公司转来代垫运费的增值税专用发票(略)显示：天富公司代付运费 1 362. 50 元(含税、税率 9%)。四喜公司开出一张转账支票(略)支付全部款项。

业务处理

1. 根据增值税专用发票、公路内河货物运输统一发票、支票存根编制记账凭证：

2. 2021 年 10 月 12 日，仓库传来“材料入库单”(财务联)如图 4-5 所示。

材 料 入 库 单

2021 年 10 月 12 日

收料仓库：第 1 仓库							交库单位：采购部									第四联 财务
编号	品名	规格	单位	数量		单价	金额									
				请收	实收		百	十	万	千	百	十	元	角	分	
A18	锦棉布		码	5000	5000	20.24		1	0	1	2	5	0	0	0	
备注						合计	¥	1	0	1	2	5	0	0	0	

仓库负责人　　　　验收人 王华感

图 4-5

经审核，材料入库单正确无误，请编制相应的记账凭证(以会计分录代替)。

业务三：1. 2021 年 10 月 27 日上海新华都购物广场从一般纳税人福建鸿星尔克公司购进了跑步鞋 650 双，合同单价为 98 元，合同总价为 63 700 元，跑步鞋已验收入库(入库单只填数量未填写金额)，但增值税专用发票、委托收款凭证等单据尚未收到。

2. 2021 年 10 月 31 日，会计按合同价编制暂估入账的记账凭证。

3. 2021 年 11 月 1 日，红字冲销上月末暂估入账的记账凭证。

4. 2021 年 11 月 5 日，上海新华都购物广场收到有关单证。其中：增值税专用发票(略)注明：跑步鞋 650 双，单价 98 元，金额 63 700 元，增值税税额 8 281 元。四喜公司开出一张转账支票(略)支付全部的价税款。

业务处理

1. ______________________________(用文字描述)

2. 按合同价暂估入账的会计分录：

3. 冲销暂估入账的会计分录：

4. 根据填写完整的入库单、增值税专用发票、转账支票存根等单据编制会计分录：

业务四：潮流童装股份有限公司存货采用计划价格核算，本月该公司购入原材料的计划成本和差异已全部登记到“材料成本差异明细账——原材料”中，本月发出材料的计划成本也已全部登记到“材料成本差异明细账——原材料”中，如图 4-6 所示。

材料成本差异明细账

明细账户：原材料　　　　　　　　　　　　　　单位：元

21年		凭证	摘要	本月收入			差异分配率	本月发出			本月结存		
月	日			计划成本	成本差异 超支	成本差异 节约		计划成本	成本差异 超支	成本差异 节约	计划成本	成本差异 超支	成本差异 节约
10	1	略	结存								38 400		150
10	7	略	发出					36 000			2 400		
10	12	略	购入	60 000	3 150						62 400		
10	15	略	发出					61 200			1 200		
10	29	略	购入	27 600	2 040						28 800		
10	31	略	本月合计										

图 4-6

潮流童装股份有限公司 2021 年 10 月份发出材料汇总分配情况见图 4-7。

潮流童装股份有限公司材料费用汇总分配表

2021 年 10 月 31 日

发出材料 / 分配对象	A 材料			B 材料			C 材料			金额合计
	数量	计划单价	金额	数量	计划单价	金额	数量	计划单价	金额	
男童套装	2 400	12	28 800	1200	15	18 000				46 800
女童套装	2 160	12	25 920	960	15	14 400				40 320
基本车间							300	8	2 400	2 400
辅助车间							600	8	4 800	4 800
管理部门							240	8	1 920	1 920
专设销售机构							120	8	960	960
合　计	4 560	12	54 720	2 160	15	32 400	1 260	8	10 080	97 200

复　核　　　　　　　　　　　　制　单

图 4-7

业务处理

1. 根据图 4-7 编制潮流公司本月发出材料的记账凭证(以会计分录代替)：

2. 计算潮流公司本月材料成本差异率及本月发出存货应负担的差异。

(1) 本月材料成本差异率：

(2) 潮流公司本月发出材料应负担的成本差异：

男童套装领用材料应负担的成本差异=

女童套装领用材料应负担的成本差异=

基本车间领用材料应负担的成本差异=

辅助车间领用材料应负担的成本差异=

行政管理部门领用材料应负担的成本差异=

专设销售机构领用材料应负担的成本差异=

(3) 编制结转材料成本差异的记账凭证(以会计分录代替)：

3. 请在图 4-6 上登记 10 月份“本月合计”行次的内容(其他登记业务略)。

业务五：潮流童装出售产品时出借(出库单略)一批包装物，价值 2 000 元；出借时转账收取对方(收款收据略)押金 3 000 元；一个月后收回(入库单略)出借包装物，发现已损坏，只能作残料使用，价值 200 元。企业没收其押金 2 260 元，剩余押金 740 元以现金退还。

业务处理

1. 编制收取包装物押金的记账凭证(以会计分录代替)：

2. 企业对出借包装物采用一次摊销法，请编制出借包装物发出的记账凭证：

3. 编制收回包装物残料的记账凭证(以会计分录代替)：

4. 编制没收部分押金，归还部分押金的记账凭证(以会计分录代替)：

业务六：潮流童装领用一批低值易耗品，价值 5 000 元，其中生产车间领用 3 000 元，行政管理部门领用 1 200 元，专设销售机构领用 800 元。该公司对低值易耗品采用五五摊销法，请根据有关原始凭证(略)进行账务处理。

业务处理

1. 领用低值易耗品，根据出库单编制记账凭证(以会计分录代替)：

2. 低值易耗品领用时的摊销单据，根据摊销单据编制记账凭证(以会计分录代替)：

3. 低值易耗品报废时的摊销单据，根据摊销单据编制记账凭证(以会计分录代替)：

4. 低值易耗品报废时回收残料 500 元，其中车间收回 300 元，行政管理部门收回 120 元，专设销售机构收回 80 元，请根据入库单(略)编制记账凭证(以会计分录代替)：

业务七：2021 年 12 月份，江西九江纺织厂委托九江印染厂印染一批白坯布，请根据委托加工商品发货单(见图 4-8)、增值税专用发票(略)、银行结算凭证(略)、委托加工商品收货单(见图 4-9)等原始凭证进行相应的业务处理。

业务处理

1. 根据图 4-8 编制记账凭证(以会计分录代替)：

委托加工商品发货单

发货单位：第一仓库

加工单位：九江印染厂　　2021 年 12 月 10 日　　字第　号

编号	品名规格	计量单位	应发数量	实发数量	单位成本	金额									
						千	百	十	万	千	百	十	元	角	分
S236	白坯布	码	6 000	6 000	7.50			¥	4	5	0	0	0	0	0
合同编号：委加 20161210 号															

发货人：周晓美　　制表：周晓美

图 4-8

2. 九江纺织厂支付九通物流往返运费 654 元(含税、税率 9%)，坯布加工后用于应纳增值税项目，根据运费的增值税专用发票(略)以及银行结算凭证(略)编制记账凭证。

[redacted]

3. 2021 年 12 月 20 日，九江纺织厂支付九江印染厂印染费 12 000 元，增值税 1 560 元，根据九江印染厂提供的增值税专用发票(略)及有关银行结算凭证(略)编制记账凭证如下：

[redacted]

4. 2021 年 12 月 23 日，委托九江纺织厂印染的白坯布已印染完毕，全部回收入库。根据有关单据(见图 4-9)编制记账凭证如下(以会计分录代替)：

[redacted]

委托加工商品收货单

收货单位：第一仓库
加工单位：九江印染厂　　2021 年 12 月 23 日　　字第　　号

编号	品名规格	计量单位	应收数量	实收数量	单位成本	收回物资总成本				
						总 额	原 料	加工费	运杂费	税 金
S336	彩色布	码	6 000	6 000	9.60	57 600.00	45 000.00	12 000.00	600.00	—
合同编号：委加 20161223 号										

验收人：周晓美　　制表：周晓美

图 4-9

业务八：长盛男装股份有限公司 2021 年 12 月盘存报告如图 4-10 所示，请编制处理前和处理后的记账凭证。

存货盘点报告表

2021 年 12 月 31 日

存货编号	名称规格	计量单位	数量		单价	盘盈		盘亏		原因
			账存	实存		数量	金额	数量	金额	
C01	锦棉布	码	6 600	6 560	8.00			40	320	正常的收发误差
C02	纽扣	百粒	320	324	24.50	8	98			正常的收发误差
D01	拉链	条	6 000	4 200	1.50			1 800	2 700	管理不善造成被盗

保管员：　　清查员：

图 4-10

业务处理

1. 盘点存货，原因未查明之前的账务处理。

（1）盘盈纽扣：

（2）盘亏锦棉布：

（3）盘亏拉链：

注：拉链购进的增值税税率为 13%，购进时已全部抵扣。

2. 原因查明后，按规定进行账务处理。

（1）盘盈纽扣(按会计准则的规定处理)：

（2）盘亏锦棉布(按会计准则的规定处理)：

（3）盘亏拉链(由管理者张三赔偿总损失的 40%，其余部分按会计准则的规定处理)：

项目五　固 定 资 产

理论题

一、判断题

1. 固定资产是企业为生产商品、提供劳务、出租或经营管理而持有的、使用寿命超过一个会计年度的有形资产。（　　）

2. 固定资产关系到产品的质量与生产成本，但不影响企业的应交所得税。（　　）

3. 经营租入固定资产视同自有资产，实物验收投入使用时在“备查账簿”上登记，实物归还时在“备查账簿”上注销。（　　）

4. 投资者投入的固定资产，必须按投资各方确认的价值入账。（　　）

5. 固定资产租赁按其性质可分为经营租赁和融资租赁。（　　）

6. 当月增加的固定资产，当月不提折旧，下月起计提。（　　）

7. 固定资产减值损失一经确认，在以后的会计期间不得转回。（　　）

8. 固定资产毁损是指因固定资产有形损耗或无形损耗导致的正常报废。（　　）

9. 在确定固定资产的使用寿命时，一般只考虑固定资产的有形损耗。（　　）

10. 盘盈固定资产，市场上无同类固定资产的，以该固定资产预计未来现金流量的现值作为其入账价值。（　　）

二、单项选择题

1. 固定资产的计价基础是(　　)。

A. 历史成本　　B. 重置成本　　C. 可变现净值　　D. 公允价值

2. 按《小企业会计准则》的规定，处理盘盈固定资产时，应贷记(　　)。

A. 应交税费　　B. 盈余公积　　C. 利润分配　　D. 营业外收入

3. 固定资产后续支出有可能使流入企业的经济利益超过原先预计，则应给予(　　)。

A. 资本化处理　　B. 费用化处理

C. 作营业外支出处理　　D. 作营业外收入处理

4. 改良或改扩建后固定资产的折旧年限等于(　　)。

A. 原固定资产折旧年限

B. 原固定资产折旧年限+改良或扩建后可延长年限

C. 原固定资产折旧年限+改良或扩建后可延长年限-已使用年限

D. 原固定资产折旧年限+改良或扩建后可延长年限-已使用年限-改良时间

5. 小企业生产部门的固定资产修理费计入(　　)。

A. 固定资产原值　B. 管理费用　C. 制造费用　D. 累计折旧

6. 关于双倍余额递减法，下列表述正确的有(　　)。

A. 前期折旧提取得少，后期折旧提取得多

B. 折旧年限内都不考虑净残值

C. 折旧年限内，头两年要考虑固定资产净残值，两年后就不需考虑固定资产净残值

D. 折旧年限到期前两年，应将固定资产账面余额扣除净残值后的净值平均摊销

7. 固定资产按产权关系分为(　　)。

A. 融资租入固定资产和经营租入固定资产

B. 自有固定资产和租入固定资产

C. 在用固定资产、未使用固定资产和不需用固定资产

D. 生产经营用固定资产和非生产经营用固定资产

8. 实行《企业会计准则》的企业，其生产部门的固定资产维修费应计入(　　)。

A. 固定资产原值　B. 管理费用　C. 制造费用　D. 累计折旧

9. 按月对经营租出的固定资产提取折旧，应借记(　　)。

A. 主营业务成本　B. 其他业务成本　C. 制造费用　D. 管理费用

10. 企业固定资产在(　　)若存在可回收额小于资产账面净值的，应提减值准备。

A. 固定资产盘存日　B. 月末　C. 资产负债表日　D. 季末

三、多项选择题

1. 有形资产既符合固定资产定义，又要满足(　　)条件，方能作为企业的固定资产。

A. 该项有形资产存放在企业里

B. 该项有形资产所包含的经济利益很可能流入企业。

C. 该项有形资产的成本能够可靠地计量

D. 企业能够使用该项有形资产

2. 固定资产按经济用途分为(　　)。

A. 直接服务于生产经营的固定资产　B. 非直接服务于生产经营的固定资产

C. 在用固定资产　D. 未使用固定资产

3. (　　)的入账价值还应包括购建固定资产时支付的增值税。

A. 小规模纳税人购入的生产经营用固定资产

B. 一般纳税人购入用于增值税应税项目的固定资产

C. 一般纳税人用于集体福利或个人消费的固定资产

D. 一般纳税人自用消费品，具体明确为应征消费税的游艇、汽车和摩托车

4. 影响固定资产折旧的因素有(　　)。

A. 固定资产原值　B. 固定资产净残值

C. 固定资产重置价值　D. 固定资产使用寿命

5. 不提折旧的固定资产有(　　)。

A. 除房屋建筑外停用的固定资产　　B. 经营租赁方式租入的固定资产

C. 融资租赁方式租出的固定资产　　D. 按规定单独估价入账的土地

6. 关于企业结转固定资产清理净损益，下列表述正确的有(　　)。

A. 若是出售净损益转入“资产处置收益”　　B. 若是报废净损益转入“营业外收支”

C. 若是损毁净损益转入“营业外收支”　　D. 若是出售净损益转入“营业外收支”

业务题

业务一：2021 年 8 月，远足鞋业购入一条全自动制鞋流水线，购买价人民币 2 000 000 元，增值税人民币 260 000 元(有关原始凭证略)，安装费用人民币 50 000 元由出售方承担。固定资产安装完毕，验收合格交付使用，固定资产验收单如图 5-1 所示，请在“验收单”上填写固定资产的原值、设备费、预计净残值，并进行相应的账务处理。

固定资产交接（验收）单

2021年8月25日　　　　第 0160810 号

编号	固定资产名称	规格型号	数量	出售（或承建）单位	附：技术资料
16-08	全自动制鞋流水线		1条	石狮工贸有限公司	
原值	其中：设备费	安装费	预计使用年限	预计净残值率：1.5%	
			10年	预计净残值：	
验收			保管使用人签章	部门主管签章	
验收部门	验收人签章	验收意见			
生产车间	丁达勇	合格	丁达勇	吴雅丽	

验收人：刘晓勇　　　　制表：刘晓勇

图 5-1

业务处理

根据图 5-1 及有关原始凭证(略)编制固定资产验收入库的记账凭证：

业务二：2021 年，远足鞋业自建一座仓库，发生下列业务，请进行账务处理。

业务处理

1. 10 月 5 日购入仓库建设用材料，价值 100 万、增值税 13 万，材料已验收(验收单略）入库，价税款转账（转账凭证略）付讫，请编制相应的记账凭证（以会计分录代替）：

2. 10 月 15 日，仓库开建，领用工程物资，请编制相应的记账凭证（以会计分录代替）：

3. 11 月 10 日，仓库建设领用生产用原材料，价值 5 万元，请编制相应的记账凭证：

4. 11 月 28，提取工程建设人员薪酬 15 万元，请编制相应的记账凭证：

5. 12 月 30 日，仓库建设完毕，验收交付使用，并办理竣工决算，结转工程成本，请编制相关的记账凭证（有关原始凭证略）：

业务三：2021 年 12 月，远足鞋业在财产清查中盘盈一台电脑，单据如图 5-2 所示。

固定资产盘盈盘亏表

2021 年 12 月 30 日

<table>
<tr><td rowspan="2">固定资产编　号</td><td rowspan="2">名称</td><td rowspan="2">规格型号</td><td colspan="3">盘盈</td><td colspan="3">盘亏</td><td colspan="3">毁损</td><td rowspan="2">原　因</td></tr>
<tr><td>数量</td><td>重置价值</td><td>新旧程度</td><td>数量</td><td>原值</td><td>折旧</td><td>数量</td><td>原值</td><td>折旧</td></tr>
<tr><td>A16804</td><td>台式电脑</td><td>台</td><td>1</td><td>8 000</td><td>七成新</td><td></td><td></td><td></td><td></td><td></td><td></td><td></td></tr>
<tr><td></td><td></td><td></td><td></td><td></td><td></td><td></td><td></td><td></td><td></td><td></td><td></td><td></td></tr>
<tr><td rowspan="2">处理意见</td><td colspan="4">审批部门</td><td colspan="4">清查小组</td><td colspan="4">使用管理部门</td></tr>
<tr><td colspan="4">按会计准则规定处理　足李印远</td><td colspan="4">负责人：刘 涛</td><td colspan="4">行政部门</td></tr>
</table>

图 5-2

业务处理

1. 请编制盘盈待处理的记账凭证（以会计分录代替）：

2. 经董事会决定，由财务部按《企业会计准则》的规定进行处理，请编制记账凭证：

业务四：2020 年 12 月份，远足鞋业因扩大生产需要，又考虑到资金因素，决定融资租入一条全自动生产线。

业务处理

1. 12 月 30 日为租赁开始日，合同约定的应付租赁款总额 232 万元：

注：该生产线由出租方负责安装，承担一切安装费用，并已在 12 月 30 日前安装完毕。

2. 为该租赁项目支付手续费、律师费等初始直接费用 8 万元：

3. 该设备租赁款分两年付清，每季度末付 29 万元，请编制每季末付款的记账凭证：

4. 租赁期满，结转固定资产：

业务五：业务四融资租入全自动生产线，预计使用寿命五年，预计残值 20 万元，预计清理费用 5 万元。请分别采用不同的方法提取固定资产折旧。

业务处理

1. 采用平均年限法提取该项固定资产的年折旧额、月折旧额：

2. 如果该全自动生产线预计使用寿命内可生产 3 000 万双运动鞋，2021 年该全自动制鞋生产线共生产了 800 万双运动鞋，请采用工作量法计算该设备 2021 年全年应提的折旧额：

3. 如果公司考虑到技术进步因素，决定对该设备采用加速折旧法的年数总和法提取折旧，请计算其每年的折旧率及应提折旧额：

4. 如果公司考虑到技术进步因素，决定对该设备采用双倍余额递减法提取折旧，请计算其折旧率及每年应提的折旧额：

业务六：海丝股份有限公司拥有海产品批发商场一座，原价 300 万元，预计使用年限 50 年，现已使用 30 年，已提折旧 180 万元。由于扩大经营的需要，决定对其进行改造，以提高使用面积。请财务部门参与监督管理并进行会计核算。

业务处理

1. 停止使用、不提折旧，将固定资产账面价值转入在建工程：

2. 经财务部门审核，改扩建过程，总共支出 800 000 元，全部通过银行转账付讫：

3. 改扩建过程完工，经有关部门验收合格，交付使用：

4. 改扩建后，提高了使用面积，并使商场的使用寿命延长了 20 年。如果不考虑建设时间，请计算改扩建后的折旧年限。

业务七：晋工机械股份有限公司 2021 年 12 月 10 日将不需要使用的设备一套对外出售，该设备于营改增之前购入，原值 1 000 000 元，已提折旧 800 000 元。请财务部门监督该设备的清理销售工作并进行相应的会计核算。

业务处理

1. 固定资产转入清理：

2. 转账支付清理费用 6 000 元：

3. 转账收到设备含税销售款(税率 3%，减按 2%征收)169 950 元。

计算：增值税销项税额=

不含税销售价=

根据计算结果编制记账凭证如下：

4. 请结转净损益：

业务八：2021 年 3 月，晋工机械股份有限公司盘亏小型机台一套，相关资料如图 5-3 所示。

固定资产盘盈盘亏表

2021 年 3 月 30 日

固定资产编号	名称	规格型号	盘盈			盘亏			毁损			原因
			数量	重置价值	新旧程度	数量	原值	折旧	数量	原值	折旧	
B217708	小型机台	套				1	10 万	6 万				
处理意见	审批部门				清查小组				使用管理部门			
	按会计准则规定处理 强蔡印普				负责人：陈国英				基本生产车间			

图 5-3

业务处理

提示：该设备于 2018 年 5 月购进，增值税税率 16%，购进时已全额抵扣。盘亏原因未明，提交董事会审议处理。

1. 企业董事会尚未作出处理决定时，请编制相应的记账凭证(以会计分录代替)：

2. 经董事会研究决定，盘亏设备，由设备使用管理者赔偿 10%，其余按《企业会计准则》的规定处理，请编制相应的记账凭证：

项目六　无形资产及长期待摊费用

理论题

一、判断题

1. 无形资产是企业拥有或控制的没有实物形态的可辨认的货币性资产。（　　）

2. 无形资产能在较长时间内给企业带来经济利益，但获利能力不能准确认定。（　　）

3. 小企业无形资产全部业务的账务处理均不涉及"无形资产减值准备"账户。（　　）

4. 无形资产因为没有实物形态，所以是不可以单独取得和处置的资产。（　　）

5. 小企业无形资产的摊销一般不考虑净残值。（　　）

6. 无形资产应自取得当月起进行摊销，但需摊销的仅是使用寿命有限的那部分。（　　）

7. 无形资产可以采用直线法进行摊销，也可以采用双倍余额递减法进行摊销。（　　）

8. 特许经营权，又称特许权或特许组合权。指为了实现一定商业目的，由特许人拥有并授予受许人使用的具有市场竞争力的商业要素的组合。（　　）

9. 著作权也称版权，是著作权人对其著述和创作的作品所享有的专有权利。（　　）

10. 长期待摊费用是指企业已列支出，应由本期和以后各期负担的，摊销期在一年以上(包含一年)的各项费用。（　　）

二、单项选择题

1. 企业持有无形资产的目的是为(　　)。

A. 出售　　B. 使用　　C. 提升企业档次　　D. 获得超额利润

2. 无形资产一般应包括(　　)。

A. 非货币资产　　B. 商标及商誉　　C. 土地所有权　　D. 非专利技术

3. (　　)的无形资产，应以公允价值为其入账价值。

A. 购入　　B. 接受捐赠

C. 自行研发并依法确认　　D. 通过债务重组方式获取

4. 小企业不能可靠估计无形资产使用寿命的，可按(　　)的期限进行摊销。

A. 不得超过 10 年　　B. 超过 10 年但不得超过 20 年

C. 不得超过 20 年　　D. 超过 5 年但不超过 10 年

5. 无形资产应摊销金额是无形资产(　　)的金额。

A. 成本　　B. 成本扣除预计残值
C. 成本扣除已提取减值准备　　D. 成本扣除预计残值和已提减值准备

6. 出售无形资产净损益，应当计入(　　)账户。
A. 资产处置收益　　B. 营业外收入　　C. 营业外支出　　D. 其他业务收入

7. 企业开办费在发生时记入“长期待摊费用”账户，在企业(　　)“管理费用”账户。
A. 持续经营期间分期转入　　B. 开始生产经营时一次性转入
C. 开始生产经营的五年内分期转入　　D. 开始生产经营的十年内分期转入

8. 企业对出租无形资产进行摊销时，应借记(　　)。
A. 管理费用　　B. 累计摊销　　C. 其他业务成本　　D. 营业外支出

9. 支付与出租无形资产有关的费用，应当借记(　　)。
A. 管理费用　　B. 无形资产　　C. 其他业务成本　　D. 营业外支出

10. 企业转让 2016 年 4 月 20 日前取得的土地使用权，可以选择适用简易计税方法，其计算公式如下(　　)。
A. (出售土地使用权时取得的全部售价和价外费用-取得该土地使用权的原价)×5%
B. (出售土地使用权时取得的全部售价和价外费用-取得该土地使用权的原价)×9%
C. (出售土地使用权时取得的全部售价-取得该土地使用权的原价)×5%
D. (出售土地使用权时取得的全部售价-取得该土地使用权的原价)×9%

三、多项选择题

1. 可能与“长期待摊费用”账户发生对应关系的账户有(　　)。
A. 银行存款　　B. 制造费用　　C. 营业外收入　　D. 管理费用

2. 企业的长期待摊费用主要包括(　　)等。
A. 开办费　　B. 租入固定资产改良支出
C. 固定资产大修理支出　　D. 股票发行费用

3. 商标权是商标注册人对其注册商标的专用权，包括(　　)商标权。
A. 文字　　B. 图形　　C. 记号　　D. 组合

4. 企业计提无形资产减值准备，应当(　　)。
A. 借记资产减值损失-提取无形资产减值准备
B. 借记管理费用-提取无形资产减值准备
C. 贷记无形资产
D. 贷记无形资产减值准备

5. 年度终了，企业的某项无形资产(　　)，导致其账面价值高于其可回收金额的，应当计提无形资产减值准备。
A. 已经被新技术所取代，为企业创造经济利益的能力大幅下降
B. 已经超过法律保护期限，还保有部分使用价值
C. 其市价在当期大幅下跌，并在剩余摊销期内完全恢复的
D. 已被证明发生了大幅减值的情形

业务题

业务一：五彩印染厂2018年8月开始研究一项污水回收利用技术，财务部门参与监督管理并进行会计核算。

业务处理

五彩印染厂研发废水回收利用技术，从2018年8月1日起至2018年12月31止为研究阶段，期间共领用原材料30 000元，提取研究人员薪酬150 000元，转账支付其他研究费用70 000元。

1. 2018年发生的各项研发支出，根据审核无误的原始凭证(略)编制记账凭证：

2. 2018年12月31日，经确认当年发生的各项研发支出均属研究阶段支出：

2019年废水回收利用技术进入开发阶段，共发生各项支出480 000元，均符合资本化条件，其中，提取开发人员薪酬290 000元，转账支付其他各项费用190 000元。2019年底，开发活动结束，成功开发并申请一项专利技术，请进行相应的账务处理：

3. 2019年发生的各项研发支出，根据审核无误的原始凭证编制记账凭证：

4. 2019年12月31日，废水回收利用技术研发完成并确认为企业的无形资产：

业务二：2020年1月1日起，五彩公司对废水回收利用技术进行累计摊销，经评估，该项技术估计可使用五年，无净残值。

业务处理

1. 计算五彩公司废水回收利用技术的年累计摊销额、月累计摊销额。

2. 编制按月提取累计摊销额的会计凭证(以会计分录代替)：

业务三：2022 年 1 月 1 日，五彩印染厂向大家纺公司转让废水回收利用技术，获得含税(税率 6%)收入 318 000 元。邀请本公司的技术顾问到大家纺公司指导废水回收利用技术的运用，时间 1 个月，薪酬 20 000 元由五彩公司转账支付。2 个月后转让过程全部结束，请根据相关单据编制会计分录。(废水回收利用技术已提足二年的摊销，但没提取减值准备)

业务处理

业务四：2021 年 5 月 1 日至 2021 年 12 月 31 日，甲乙两投资人筹建一家新公司，该公司命名为兴佳丝带股份有限公司，筹建期间，发生下列业务，请以该公司会计的身份进行账务处理。

业务处理

1. 收到甲投资人投入的资本人民币 200 万元已存入银行(原始凭证略)：

2. 购买生产用设备价值 50 万，增值税 6.5 万，款项转账付讫，设备已验收完毕：

3. 筹建期间发生差旅费用 35 000 元(原始凭证略)，已转账付讫：

4. 筹建期间提取员工工资 125 000 元(原始凭证略)：

5. 筹建期间转账支付水电费 30 000 元(原始凭证略)，增值税 3 900 元：

6. 筹建期间，办理各类证件，花费 3 000 元，以库存现金付讫：

7. 筹建期间，转账购买一项非专利技术，价值人民币 215 000 元：

8. 筹建期间，以库存现金支付少量业务招待费 1 900 元：

9. 2022 年 1 月 1 日，开始正式生产，请摊销该企业筹建期发生的开办费：

项目七　流 动 负 债

理论题

一、判断题

1. 流动负债是指在 1 年或超过 1 年的一个营业周期内必须偿还的债务。（　　）

2. 企业签发、承兑商业汇票后，在“应付票据”总分类账和明细分类账上登记反映就可以了，不必在“应付票据备查账簿”上登记。（　　）

3. 职工薪酬就是企业为获得职工提供的服务而给予的劳动报酬。（　　）

4. 考勤记录是计算计件工资的主要依据。（　　）

5. 企业必须按照全体员工应付工资总额 2%提取职工教育经费。（　　）

6. 严重自然灾害带来的损失属于非常损失，应将其已列的增值税进项税额转出。（　　）

7. 增值税纳税人连续 12 个月或者连续 4 个季度累计销售额在 500 万以上的，应确认为增值税一般纳税人。（　　）

8. 根据《劳动法》的规定和劳动协议的要求，企业提前终止劳动合同、辞退员工时，应向被辞退员工提供一笔资金作为补偿，这就是辞退福利。（　　）

9. 已登记为增值税一般纳税人的企业，不允许转登记为增值税小规模纳税人。（　　）

10. 预收账款是在采购环节形成的，其债务必须以货币偿还。（　　）

11. 消费税是国家对在我国境内生产、委托加工和进口应税消费品的单位和个人，按其流转额和规定税率征纳的一种税。（　　）

12. 资源税是国家对我国境内从事原油、天然气、煤炭、金属矿产品和其他矿产品开发以及生产盐的单位和个人征收的一种税。（　　）

二、单项选择题

1. 下列属于流动负债的有（　　）。

A. 预付账款　　B. 预收账款　　C. 应付债券　　D. 长期应付款

2. 应当设置“预收账款”账户核算企业的预收款项，预收款项不多的企业，也可以直接在（　　）账户里核算

A. 预付账款　　B. 应付账款　　C. 应收账款　　D. 其他应收款

3. 企业签发一张带息的商业汇票后，按月提取利息，应当借记（　　）。

A.“应付票据（利息）——某公司”　　B.“财务费用”

C.“应付利息”　　D.“其他应付款”

4. 企业因提前解除劳动关系向职工支付补偿时应借记(　　)。

A. 营业外支出　B. 管理费用　C. 应付职工薪酬　D. 应付福利费

5. 增值税专用发票只限于增值税(　　)领购、使用。

A. 一般纳税人　B. 小规模纳税人

C. 纳税人　D. 纳税人发生免征增值税项目时

6. 为企业内部医务福利人员提取的福利费应计入(　　)账户

A. 应付福利费　B. 应付职工薪酬　C. 管理费用　D. 营业外支出

7. 假定白酒的税率为20%加2元/千克，如果海西商城销售白酒400千克，每千克销售价为人民币50元，则应交纳的消费税为(　　)元。

A. 4000　B. 800　C. 4800　D. 160

8. 对一般纳税人而言，下列税中(　　)属于价外税。

A. 房产税　B. 消费税　C. 增值税　D. 城市维护建设税

9. 企业申请破产时，其资产首先应用于偿还(　　)。

A. 拖欠职工的工资和社会保险　B. 拖欠国家的税款

C. 拖欠的银行借款　D. 拖欠材料供应商的货款

10. 原劳动和社会保障部2009年2月公布了职工全年月平均工作时间和工资折算办法，根据该办法计算出的月制度计薪日是(　　)。

A. 28天　B. 24天　C. 21.83天　D. 21.75天

11. (　　)是我国最大的税种，其收入占我国全部税收的60%以上。

A. 消费税　B. 房产税　C. 增值税　D. 土地增值税

12. 企业交纳上月增值税，应当借记(　　)。

A. 应交税费——应交增值税(已交税金)　B. 应交税费——未交增值税

C. 应交税费——已交增值税　D. 应交增值税——已交税金

三、多项选择题

1. 流动负债具有(　　)特点。

A. 偿还期短　B. 偿还额小

C. 偿还形式多样化　D. 偿还形式单一化

2. 职工薪酬包括职工工资、奖金和(　　)等。

A. 医疗保险费、养老保险费、失业保险费、工伤保险、生育保险

B. 职工住房公积金

C. 工会经费和职工教育经费

D. 非货币性福利、辞退福利

3. 下列税金中(　　)不通过应交税费账户核算。

A. 印花税　B. 关税　C. 车辆购置税　D. 耕地占用税

4. 单位和职工均要按规定的比例缴费的项目是养老保险和(　　)。

A. 失业保险　B. 医疗保险　C. 工伤保险　D. 生育保险

5. 关于增值税，下列表述正确的有(　　)。

A. 增值税的税收收入中，75%为中央财政收入、25%为地方财政收入

B. 增值税的税收收入中，80%为中央财政收入、20%为地方财政收入

C. 增值税由税务局负责征收，但进口环节的增值税由海关负责征收

D. 增值税由税务局负责征收，但出口环节的增值税由海关负责征收

6. 一般纳税人购进免征增值税的农产品，按农产品收购发票或销售发票上注明的农产品买价和(　　)计算进项税额。

A. 9%的扣除率

B. 6%的扣除率(如果用于生产或委托加工6%税率的货物)

C. 10%的扣除率(如果用于生产或委托加工13%税率的货物)

D. 13%的扣除率(如果用于生产或委托加工13%税率的货物)

7. 企业向保险公司及有关部门交纳职工的“五险一金”时，应当借记(　　)。

A. 税金及附加　　B. 应交税费　　C. 其他应付款　　D. 应付职工薪酬

8. 土地增值税是国家对我国境内转让国有土地(　　)并取得收入的单位和个人征收的一种税。

A. 使用权　　B. 所有权

C. 管理权　　D. 地上建筑物及附着物(即转让房地产)

业务题

业务一：2021年6月30日，九星集团从工商银行晋江支行借入一笔款项，期限、本金、利率如图7-1所示。借款合同规定每季的季末付息，期满一次还本。

中国工商银行（流动资金贷款）借款凭证（回单）　③

编号　　日期贰零贰壹年陆月零叁拾日　　银行编号 161885

收款单位	全　称	福建九星集团	借款单位	全　称	福建九星集团
	账　号	5263086358		放款账号	601323079
	开户银行	工商银行晋江支行		开户银行	工商银晋江支行
借款期限（最后还款日）	2022. 6. 30	利率	8 %	起息日期	2021. 6. 30

借款申请额	人民币（大写）壹佰捌拾万元整	千	百	十	万	千	百	十	元	角	分
		¥	1	8	0	0	0	0	0	0	0
借款原因及用途	流动周转资金　银行核定金额	千	百	十	万	千	百	十	元	角	分
		¥	1	8	0	0	0	0	0	0	0

备注：	期　限	计划还款日期	计划还款金额
	12个月	2022. 6. 30	¥1 800 000. 00

上述借款业已核准发放并转入你单位账户，借款到期应按期归还。

此致

借款单位：福建九星集团

中国工商银行福建省分行 晋江支行 2021. 6. 30 转讫

（银行盖章）2021年6月30日

此联系核定放款回单代借款单位往来户收款通知

图7-1

业务处理

1. 根据中国工商银行(流动资金货款)借款凭证(回单)等原始凭证编制记账凭证：

2. 按月计算短期借款利息，并编制提取利息的记账凭证：

每月应提短期借款利息=

3. 每季支付利息，编制相应的记账凭证(以会计分录代替)：

4. 一年期满还本以及归还最后一个季度的利息，请编制相应的记账凭证：

业务二：2021 年 5 月 15 日，九星集团开出一张面值为 120 000 元、期限为 6 个月的带息票据一张，票面年利率 6%，向天红公司购进一批材料，增值税专用发票(略)上注明：染料价款 100 000 元，增值税进项税额 13 000 元；普通发票(略)上注明：对方代垫含税(税率 9%)运费 7 000 元。

业务处理

1. 签发、承兑商业汇票时，在“应付票据备查账簿”(略)上登记。

2. 账务处理。

(1) 购买材料，签发、承兑不带息的商业汇票：

(2) 按月提取票据利息：

（3）票据到期还本付息(已预提了 5 个月的利息，最后一个月的利息未预提)：

3. 承付票据款后，在“应付票据备查账簿”(略)上注销。

业务三：根据九星集团 2021 年 10 月份的“工资结算汇总表”(见图 7-2)编制该企业发放 2021 年 10 月份职工工资的记账凭证、根据九星集团 2021 年 10 月份的“人工费用分配表”(见图 7-3)编制该企业提取职工工资的记账凭证。

工 资 结 算 表

2021 年 10 月 31 日

部门	姓名	应付工资								代扣款项			实发工资	签名
		月标准工资	计件工资	加班工资	奖金	应扣工资			应付工资合计	三险一金	个人所得税	合计		
						旷工	事假	病假						
行政部门	左政和	4 900		900			120	80	5 600	1 064.00	51.80	1 115.80	4 484.20	左政和
	- - -													
	小计	54 000		4 400			300	100	58 000	11 020.00	540.5	11 560.50	46 439.5	
基本生产车间	管理人员工资													
	曾建瓯	4 200		1 300					5 500	1 045.00	47.75	1 092.75	4 407.25	曾建瓯
	- - -													
	小计	20 000		6 000					26 000	4 940.00	320.80	5 260.80	20 739.20	
	生产工人工资（生产甲产品）													
	吴世界	800	2 985						3 785	719.15	0	719.15	3 065.85	吴世界
	- - -													
	小计	44 800	164 505					305	209 000	39 710.00	165.00	39 875.00	169 125	
辅助车间	李素红	800	2 300						3 100	589	0	589	2 511	李素红
	- - -													
	小计	7 200	28 400	3 200					38 800	7 372	158	7 530	31 270	
销售部门	许云华	800	3 850		190				4 840	919.60	12.61	932.21	3 907.79	许云华
	- - -													
		4 000	20 250		950				25 200	4 788.00	162.00	4 950.00	20 250	
合计		130 000	213 155	13 600	950		300	405	357 000	67 830	1 346.3	69 176.3	287 823.7	

现金付讫

说明：①- - - 表示省略；②销售人员按推销产品的数量计算的工资归入计件工资范畴。

图 7-2 工资结算表

业务处理

1. 根据图 7-2，编制发放职工薪酬的记账凭证(以会计分录代替，下同)：

职工薪酬分配表

2021 年 10 月 31 日

受益部门或产品		应付工资金额①	五险一金						
			医疗保险 ②=①×8%	养老保险 ③=①×16%	失业保险 ④=①×2%	工伤保险 ⑤=①×0.5%	生育保险 ⑥=①×0.5%	住房公积金 ⑦=①×8%	小计 ⑧
基本车间	甲产品	209 000	16 720	33 440	4 180	1 045	1 045	16 720	73 150
	管理人员	26 000	2 080	4 160	520	130	130	2 080	9 100
	小计	235 000	18 800	376 00	4 700	1 175	1 175	18 800	82 250
辅助车间		38 800	3 104	6 208	776	194	194	3 104	13 580
销售部门		25 200	2 016	4 032	504	126	126	2 016	8 820
行政部门		58 000	4 640	9 280	1160	290	290	4 640	20 300
合计		357 000	28 560	57 120	7 140	1 785	1 785	28 560	124 950

图 7-3

2. 根据图 7-3，编制分配职工工资的记账凭证：

3. 根据图 7-3，编制提取职工五险一金的记账凭证：

4. 按应付职工工资总额的 1.5%提取职工会经费：

5. 按应付职工工资总额的 5%提取职工教育费：

6. 向有关部门转账支付住房公积金 57 120.00 元，其中企业承担 28 560 元，职工个人承担 28 560 元(个人承担部分已在发放职工工资时代为扣除)：

7. 转账支付工会经费 5 355.00 元、职工教育经费 17 850 元：

业务四：九星集团 2021 年 9 月份与增值税有关的经济业务如下，请编制相应的记账凭证，并在图 7-4 上登记该企业 2016 年 9 月份的“应交税费——应交增值税明细账”。

业务处理

1. 九星集团 9 月 4 日购进 A 材料 2 010 000 元，增值税专用发票(略)注明税款 260 900 元，材料已验收入库(入库单略)，款项也转账付讫，请编制相应的记账凭证：

2. 九星集团 9 月 15 日，发现有 10 000 元的 A 材料，发霉变质，主要原因是管理人员在雨水天忘记关窗造成的，属于管理不善。该材料对应的增值税进项税额为 1 300 元，请进行批准前的账务处理：

3. 九星集团 9 月 25 日销售产品 5 000 000 元，增值税专用发票(略)上注明的增值税款 650 000 元，商品已发出，价税款也转账收讫，请编制相应的记账凭证：

4. 九星集团 9 月 30 日转账支付本月应交增值税 300 000 元(单据略)，请编制记账凭证：

5. 九星集团 9 月 30 日计算转出本月多交的增值税，请编制相应的记账凭证：

应交税费—应交增值税

单位：元

日期		凭证(略)	摘要	借方					贷方					借或贷	余额
				合计	进项税额	已交税金	出口抵销内销产品应纳税额	转出未交增值税	合计	销项税额	出口退税	进项税额转出	转出多交增值税		
8	…	…	……	……	……	……	……	……	……	……	……	……	……	平	0
8	30		本月合计	680 000	351 000	329 000			680 000	680 000				平	0

图 7-4 应交增值税明细账

业务五：九星集团 2021 年 10 月销售一批白酒，共计 4 000kg，售价为 65 元/kg。假设：白酒的消费税率为 20%加 1 元/kg，请在图 7-5 上填写“应交消费税计算表”并编制记账凭证。

业务处理

1. 在图 7-5 上填写九星集团销售白酒 4 000kg 的“应交消费税计算表”。

应交消费税计算表

2021 年 10 月 31 日　　　　单位：元

项目			税额								
白酒	计税数量	单位税额	百	十	万	千	百	十	元	角	分
	计税销售额	税率	百	十	万	千	百	十	元	角	分
合计											

会计主管：　　　　制表：

图 7-5　应交消费税计算表

2. 根据图 7-5 编制提取消费税的记账凭证：

业务六：万和集团 2021 年 10 月实际缴纳增值税 504 000 元，消费税人民币 76 000 元，该企业的增值税、消费税均与其主营业务和其他业务相关，请分别按 7% 和 3% 的税费率提取城市维护建设税和教育费附加，并编制记账凭证。

业务处理

1. 在图 7-6 上计算填写万和集团本月应交城建税、应交教育费附加。

应交城建税、教育费附加计算表

2021 年 10 月 1 日至 31 日　　　　单位：元

项目	计税税额	适用税费率	税额									备注
			百	十	万	千	百	十	元	角	分	
城建税												
教育费附加												
合计（大写）												

会计主管：　　　　制表：

图 7-6　应交城建税、教育费附加计算表

2. 根据图 7-6 编制提取城建税、提取教育费附加的记账凭证：

业务七：2021 年 12 月，万和集团发生下列与税收相关的业务，请进行相应的账务处理。

业务处理

1. 提取 2021 年的房产税 98 000 元，车船使用税 1 900 元、城镇土地使用税 69 000 元：

2. 转账支付本季度房产税 24 500 元：

3. 企业购买一辆汽车，转账支付车辆购置税 18 800 元：

4. 企业购买印花税票 350 元，出纳以现金付讫：

项目八　非流动负债

理论题

一、判断题

1. 非流动负债是指偿还期在一年或超过一年的一个营业周期以上的债务。（　　）
2. 非流动负债具有偿还期长、偿还金额大、收益低但风险也低的特点。（　　）
3. 我国现行会计制度规定，非流动负债应当以实际发生额入账。（　　）
4. 长期借款是企业向银行等金融机构借入的期限在一年以上（含一年）的各种款项。（　　）
5. 债券是企业为筹集资金而发行的一种书面凭证。发行债券的企业通过凭证上记载的利率、期限等，向投资人允诺未在来某一特定日期还本付息。（　　）
6. 企业以人民币支付引进设备的进口关税、国内运杂费、包装费、安装费等引进设备达到预定可使用状态前的一切费用，均应计入引进设备的原值。（　　）
7. 企业破产时，应先偿还投资人的权益，再归还企业债务。（　　）
8. 企业应付账款超过一年没有偿还，就从流动负债变成了长期负债。（　　）
9. 负债经营在现代企业中被广泛使用。（　　）
10. 企业非流动负债是企业全部资产减去全部流动负债后的余额。（　　）

二、单项选择题

1. 非流动负债，也叫长期负债，包括（　　）等。

A. 预付账款　　B. 预收账款　　C. 应付债券　　D. 应付票据

2. 非流动负债项目不包括（　　）。

A. 企业向社会公开发行股份形成的权益
B. 企业向社会公开发行债券形成的权益
C. 企业向金融机构借入期限在一年以上的各种款项
D. 企业采用补偿贸易方式引进外国设备形成的长期债务

3. 在租赁开始日，企业比较融资租赁固定资产（　　）与其公允价值，取较低者作为“长期应付款——应付融资租赁款”的入账价值。

A. 最低租赁付款额　　B. 最低租赁付款额的现值
C. 最低租赁付款额的终值　　D. 最高租赁付款额

4. 企业筹建期间，发生的不形成长期资产的长期借款利息，应借记(　　)。

A. 管理费用　　B. 财务费用　　C. 长期待摊费用　　D. 营业外支出

5. 企业发行债券，当银行利率低于票面利率时，一般(　　)发行。

A. 面值　　B. 折价

C. 溢价　　D. 由发行债券企业自定价格

6. 溢价发行的债券，提取利息时，应(　　)等。

A. 借记“应付债券——利息调整(溢价部分)”账户

B. 贷记“应付债券——利息调整(溢价部分)”账户

C. 借记“应付债券——应计利息”账户

D. 贷记“在建工程”账户

7. 企业债券按面值发行时，应在“应付债券”总账下设置(　　)，进行明细核算。

A. 面值、利息调整二个明细分类账户

B. 利息调整、应计利息二个明细分类账户

C. 面值、应计利息二个明细分类账户

D. 面值、利息调整、应计利息三个明细分类账户

8. 融资租赁固定资产，产生的“未确认融资费用”，在租赁期内合进分摊时应借(　　)。

A. 固定资产——融资租赁固定资产　　B. 财务费用

C. 管理费用　　D. 营业外支出

9. 一年内到期的长期借款，在资产负债表中，应作为(　　)的项目。

A. 流动负债　　B. 非流动负债　　C. 长期负债　　D. 均可

10. 某企业于 2021 年 6 月 30 日从银行借入 100 万元用于生产设备的改扩建，借款期限二年，借款年利率为 8.4%，利息于每年年末支付一次，则到期日归还本息(　　)。

A. 1 084 000 元　　B. 1 168 000 元　　C. 1 021 000 元　　D. 1 042 000 元

三、多项选择题

1. 非流动负债主要为了满足(　　)等长期资金需求。

A. 购建固定资产　　B. 改扩建工程

C. 日常生产经营中的资金周转　　D. 扩大生产经营规模

2. 长期应付款主要包括企业(　　)形成的非流动负债。

A. 采用补偿贸易方式引进外国设备　　B. 融资租入固定资产

C. 经营租入固定资产　　D. 发行长期债券

3. 企业应设长期借款总账，进行总分类核算；并按(　　)设明细账，进行明细核算。

A. 贷款机构　　B. 借款种类　　C. 借款币种　　D. 借款期限

4. 企业(　　)应当借记“财务费用”账户。

A. 经营期间的借款利息

B. 与购建固定资产有关但不符合资本化条件的利息

C. 筹建期间的借款利息

D. 与购建固定资产有关而且符合资本化条件的利息

5. 关于债券发行期间所冻结资金产生的利息，下列表述正确的有(　　)。

A. 冻结资金利息低于发行费用，其差额符合资本化条件的，应计入相关资产成本

B. 冻结资金利息低于发行费用，其差额不符合资本化条件的，则计入当期财务费用

C. 冻结资金的利息高于发行费用，其差额视同债券的溢价收入

D. 冻结资金的利息高于发行费用，其差额视同营业外收入

业务题

业务一：2021 年 1 月 1 日上海沪港集团从某银行上海分行临港支行滴水湖分理处借入长期款项 500 万元用于生产设备的改扩建，借款期限二年，借款年利率为 8.4%，到期日一次性还本付息。请进行相关业务处理。

××银行贷款凭证③收账通知

日期贰零贰零**年**壹**月**壹**日**

<table>
<tr><td>贷款单位名称</td><td colspan="2">上海沪港集团</td><td>贷款种类</td><td colspan="4">长期资金贷款</td><td colspan="2">贷款户账号</td><td colspan="4">63930708189</td></tr>
<tr><td rowspan="2">金额</td><td colspan="3" rowspan="2">人民币（大写）伍佰万元整</td><td>千</td><td>佰</td><td>十</td><td>万</td><td>千</td><td>佰</td><td>十</td><td>元</td><td>角</td><td>分</td></tr>
<tr><td>¥</td><td>5</td><td>0</td><td>0</td><td>0</td><td>0</td><td>0</td><td>0</td><td>0</td><td>0</td></tr>
<tr><td rowspan="2">用途</td><td rowspan="2">工程使用</td><td>单位申请期限</td><td colspan="8">自 2020 年 1 月 1 日起至 2022 年 1 月 1 日止</td><td rowspan="2">利率</td><td colspan="2" rowspan="2">8.4%</td></tr>
<tr><td>银行核定期限</td><td colspan="8">自 2020 年 1 月 1 日起至 2022 年 1 月 1 日止</td></tr>
<tr><td colspan="2">备注：</td><td colspan="12">以上贷款已核准发放，并转入你单位临港支行滴水湖分理处 63930708189 账号账户。
某银行上海分行临港支行 滴水湖分理处 2020.1.1 转讫
此致
借款单位：上海沪港集团
（银行盖章）2021 年 1 月 1 日</td></tr>
</table>

图 8-1　银行贷款凭证③收账通知

业务处理

1. 根据某银行“贷款凭证③收账通知”等原始凭证编制记账凭证：

2. 提取 2020 年长期借款利息(工程建设期刚好一年)，编制相应的记账凭证：

3. 提取2021年长期借款利息(工程已于2021年底完工)，编制相应的记账凭证：

4. 于2022年1月1日年，通过银行转账，一次性还本付息，编制相应的记账凭证：

业务二：2021年1月1日，福建近邻食品股份有限公司经批准向社会公众发行为期3年的企业债券，债券面值10 000 000元，发行价9 640 000元。票面年利率为6%，到期一次还本付息，所筹资金用于补充公司的流动资金，请进行相关业务处理。

业务处理

1. 福建近邻食品公司根据企业债券款的银行收账通知等单据编制记账凭证：

2. 按月提取债券利息：

每月应提债券利息=

每月利息调整额(折价部分)=

3. 到期日，一次性还本付息：

业务三：厦门大金门自贸商城采用融资租赁方式租入一套不需安装的设备，期限二年，应付租赁费共计人民币200万元，租赁费的现值180万元，设备的公允价值182万元。租赁费按年平均支付，租赁期满，设备归厦门大金门自贸商城所有。请进行相关的业务的账务处理。

业务处理

1. 根据有关原始凭证，编制租入设备验收交付使用时的记账凭证：

2. 企业按年支付租金、请根据有关原始凭证编制记账凭证：

3. 每年分摊未确认的融资费用，编制相应的记账凭证：

年未确认融资费用=

4. 租赁期满，融资租赁固定资产所有权转归承租企业，编制相应的记账凭证：

项目九　所有者权益

理论题

一、判断题

1. 所有者权益是指企业所有者对企业全部资产所享有的经济权利。（　　）
2. 所有者权益的金额为企业资产总额减去负债总额后的余额。（　　）
3. 没有无资产的权益，没有无权益的资产。（　　）
4. 资本公积不专属于某一投资者，而是由全体投资者共同分享。（　　）
5. 其他资本公积金主要用途是转赠资本。（　　）
6. 法定盈余公积金达到注册资本的50%时，企业可以不再提法定盈余公积金。（　　）
7. 任意盈余公积金达到注册资本的50%时，企业不可以再提任意盈余公积金。（　　）
8. 企业用以前年度的留存下来的未分配利润弥补本年度亏损应编制会计分录。（　　）
9. 转增资本后的盈余公积金不得少于注册资本的25%。（　　）
10. 企业当年无利润但为了企业形象，经批准可以用盈余公积发放利润。（　　）
11. 企业接受非控股股东的捐赠，一般计入“营业外收入”。（　　）
12. 其他综合收益是指企业根据《企业会计准则》的规定，未在当期损益中确认的各项利得和损失。（　　）

二、单项选择题

1. 当企业法人实有资本比原注册资金数额增减超过(　　)时，应持资金使用证明或验资证明，向原登记机关申请变更登记。

A. 20%　　B. 30%　　C. 40%　　D. 50%

2. 自用房产转为公允价值模式计量的投资性房产，转换日，当公允价值 < 账面价值时，公允价值与账面价值之差额应当(　　)。

A. 借：公允价值变动损益　　B. 货：资本公积

C. 借：营业外支出　　D. 贷：营业外收入

3. (股票发行价+股票购买资金冻结期间利息-发行费用)>股票面值，其差额(　　)。

A. 计入资本公积金　　B. 计入营业外收入

C. 一并计入实收资本　　D. 冲减财务费用

4. 实际工作中，股票基本是按(　　)发行。

A. 面值　　　　B. 折价　　　　C. 溢价　　　　D. 公允价

5. 某企业流动资产总值120万元，非流动资产总值200万元，流动负债合计90万元，非流动负债合计180万元，实收资本100万元，则该企业的所有者权益为(　　)万元。

A. 320　　　　B. 100万　　　　C. 50　　　　D. 270

6. 如果企业折价发行股票，则股本与实收款项之差额，应当借记(　　)。

A. 财务费用　　　　B. 资本公积　　　　C. 营业外支出　　　　D. 盈余公积

7. 外资企业，税后利润必须依法提取(　　)。

A. 资本公积金　　　　B. 盈余公积金　　　　C. 储备基金　　　　D. 公益金

8. 下列项目中，可以依法定程序用来转赠资本的是(　　)。

A. 股票溢价

B. 权益核算长期股权投资，受资单位净损益以外的其他所有者权益变动形成的资本公积

C. 企业与股东之间的资本性交易所形成的资本公积

D. 以权益结算的股份支付换取职工或其他方提供服务形成的资本公积

9. 企业亏损，用盈余公积金补亏，应当贷记(　　)。

A. 利润分配——未分配利润　　　　B. 利润分配——提取盈余公积金

C. 利润分配——其他转入　　　　D. 盈余公积——补亏

10. 在公司资产负债表上，库存股属于(　　)的备抵项目。

A. 资产　　　　B. 负债　　　　C. 所有者权益　　　　D. 成本

11. 控股股东直接或通过控股股东的子公司给本企业捐赠，应当贷记(　　)。

A. 营业外收入　　　　B. 投资收益

C. 资本公积——其他资本公积　　　　D. 资本公积——资本溢价

12. 股东对公司进行债务豁免或代为偿债，应当贷记(　　)。

A. 营业外收入　　　　B. 应付账款

C. 资本公积——其他资本公积　　　　D. 资本公积——资本溢价

三、多项选择题

1. 企业所有者权益一般由(　　)构成。

A. 投资者投入资本　B. 其他综合收益　　C. 留存收益　　　　D. 未分配利润

2. 投资者投入资本包括(　　)。

A. 实收资本　　　　B. 资本公积　　　　C. 盈余公积　　　　D. 未分配利润

3. 其他综合收益包括可供出售金融资产公允价值变动形成的利得和损失，以及(　　)等。

A. 重新计量设定受益计划净资产或净负债形成的变动。

B. 可供出售外币非货币性项目的汇兑差额形成的利得和损失

C. 自用房地产转换为采用公允价值模式的投资性房地产形成的利得

D. 现金流量中套期工具产生的利得或损失中属于有效套期的部分

4. 未分配利润是企业留待(　　)

A. 以后年度分配的结存利润　　B. 以后年度弥补的累积亏损
C. 以后年度分配的本年度利润　　D. 以后年度弥补的本年亏损

5. 留存收益主要由(　　)组成。

A. 盈余公积　　B. 资本公积　　C. 未分配利润　　D. 实收资本

6. 实收资本按资本载体的不同可分为货币资本和(　　)。

A. 国家资本　　B. 实物资本　　C. 法人资本　　D. 无形资产资本

业务题

业务一：2021 年 5 月 1 日，福建著成服饰股份有限公司成功在深市中小板发行股票 1 000 万股，每股面值 1 元，发行价 10 元，发行费用 800 万元，发行期间，冻结资金产生利息 450 万元。

扣除发行费用后的价款及冻结资金产生的利息均已到账，请进行相应的账务处理。

业务处理

根据开户银行的收账通知(略)等原始凭证编制记账凭证：

业务二：九头彩股份有限公司经批准，从 A 股市场上回购并注销本企业股票 100 万股。本企业股票每股面值 1 元，每股收购价(含税费)10 元，注销股票数量占企业股票总量的 5%，企业的资本公积和盈余公积分别是 2 000 万元和 4 000 万元，请进行相应的账务处理。

业务处理

根据银行收账通知(略)等单据编制记账凭证：

业务三：百宏股份有限公司外币业务采用交易日即期汇率折算，按月计算汇兑差额。

2021 年 12 月 11 日，公司以每股 2.5 美元的价格购入境外股 1 万股作为可供出售的金融资产，购买日汇率 1∶6.8。2021 年 12 月 31 日，该股票每股交易价格 3 美元，当日即期汇率为 1∶6.85。

要求：列式计算 2021 年 12 月 31 日，该投资的公允价值变动额、汇兑损失或收益，以及其他综合收益的入账金额。

业务处理

1. 编制购买日的会计分录：

2. 编制 2021 年 12 月 31 日计算其他综合收益的会计分录：

2021 年 12 月 31 日：

该投资的公允价值变动额=

该投资的汇兑损失或收益=

该投资其他综合收益的入账金额=

业务四：福建平顺股份有限公司 2019 年度利润分配方案如图 9-1 所示。

福建省平顺股份有限公司 2021 年度利润分配方案

（2022 年 3 月 8 日股东大会通过）

2021 年年度净利润 4 800 000 元 全年可供分配利润 4 800 000 元	
分配方案	1. 提取法定盈余公积金（可供分配利润的 10%）480 000 元 2. 提取任意盈余公积金（可供分配利润的 5%）240 000 元 3. 分配投资人现金股利（可供分配利润的 15%）720 000 元
批复	董事长：常顺平　　　公司公章（略）

2022 年 3 月 24 日

图 9-1

业务处理

1. 根据图 9-1 等单据编制提取法定公积金、任意公积金的会计分录：

2. 根据图 9-1 等单据编制向投资人分配现金股利的会计分录：

3. 年度终了，结平“利润分配”明细账户：

项目十 收 入

理论题

一、判断题

1. 收入是企业非日常活动中形成的，会增加所有者权益，但与所有者投入资产无关的经济利益的总流入。 ( )

2. 收入只包括本企业的经济利益流入，为第三方或客户代收款项不属于收入。 ( )

3. 企业在销售商品过程中，应依法保护消费者的合法权益。 ( )

4. 已售商品退回，若未取得财税法规认可的规范凭证，不得冲减当期销项税额。 ( )

5. 上月出售并已结转销售成本的商品本月退回应冲减上月商品销售成本。 ( )

6. 金融企业因他人使用本企业货币资金而获得的利息收入应冲减财务费用。 ( )

7. 按性质的不同，收入分为商品销售收入、提供劳务收入、营业外收入。 ( )

8. 以托收承付方式销售商品的，应在办妥托收手续后开票确认收入。 ( )

9. 发出商品可以按购货单位也可以按商品类别及品种设明细账。 ( )

10. 增值税一般纳税人，其主营业务收入应按含税销售价计算。 ( )

二、单项选择题

1. 收入按( )分为主营业务收入和其他业务收入。

A. 性质　　B. 主次

C. 金额的大小　　D. 与企业日常活动的关联度

2. 采用( )方式销售商品的，应在货物发出当天开具增值税专用发票或法规认可的销售发票，确认收入。

A. 预收货款　　B. 分期收款　　C. 委托代销　　D. 托收承付

3. ( )属于非工业性劳务。

A. 运输公司的运输劳务　　B. 修理厂的修理劳务

C. 鞋厂的运输劳务　　D. 服装厂的服装加工

4. 提供非工业性劳务，发生的实际成本，应借记( )。

A. 生产成本　　B. 劳务成本　　C. 其他业务成本　　D. 其他业务支出

5. 结转非工业性劳务成本，应编制如下会计分录( )。

A. 借：主营业务成本 贷：生产成本　　B. 借：其他业务成本 贷：生产成本

C. 借：主营业务成本 贷：劳务成本　　D. 借：其他业务成本 贷：劳务成本

6. 下列表述正确的有(　　)。

A. 有些收入是从偶然的交易或者事项中产生

B. 收入必然表现为资产的增加

C. 收入最终会导致所有者权益增加

D. 销售商品时向客户收取的增值税也是企业收入

7. 采用委托代销方式销商品，委托方收到受托方开来的代销清单，开具增值税专用发票时，应按(　　)确认销售价。

A. 若是买断，按委托方给受托方的协议价开票确认收入

B. 若是买断，按受托方的实际销售价开票确认收入

C. 若是收取手续费，按委托方给受托方的协议价开票确认收入

D. 若是收取手续费，按受托方实际销售额扣除手续费后的金额开票确认收入

8. 采用分期收款方式销售产品，发出商品时，应借记(　　)。

A. 发出商品　　B. 银行存款　　C. 应收账款　　D. 主营业务成本

9. 某小规模纳税人本月实现销售收入 41 200 元，本月应交增值税为(　　)。

A. 7 004 元　　B. 1 236 元　　C. 1 200 元　　D. 0 元

10. 附带销售退回条件的商品销售，无法估计退货可能性的，在(　　)开票确认收入。

A. 发出商品时　　B. 售出商品退货期满

C. 收到货款时　　D. 企业自行决定

三、多项选择题

1. 属于会计要素中的收入有(　　)。

A. 销售商品的收入　　B. 提供劳务的收入

C. 让渡资产使用权的收入　　D. 转让资产所有权的收入

2. 企业的其他业务主要有销售材料、包装物和(　　)等。

A. 提供非工业性劳务　　B. 包装物出租、固定资产经营性出租

C. 转让无形资产使用权　　D. 固定资产以融资租赁方式出租

3. 期末无余额的账户有(　　)等。

A. 主营业务收入　　B. 主营业务成本　　C. 销售费用　　D. 发出商品

4. 收入确认的条件包括(　　)。

A. 已将商品所有权上的主要风险和报酬转移给购买方

B. 既没保留与所有权相联系的继续管理权，也没对已售商品实施控制

C. 与交易相关的经济利益很可能流入企业

D. 收入和已发生的成本或将要发生的成本都能可靠的计量

5. 判断是主营业务还是其他业务的标准有(　　)。

A. 企业营业执照有注明主营业务范围、兼营业务范围的，以执照规定的范围进行判断

B. 营业执照没有注明主营业务范围、兼营业务范围的，根据业务收入的性质进行判断
C. 营业执照没有注明主营业务范围、兼营业务范围的，由企业销售人员自行判断
D. 营业执照没有注明主营业务范围、兼营业务范围的，由企业财务人员自行判断

业务题

业务一：2021 年 5 月 1 日，福建著成服饰股份有限公司当年 4 月 15 日出售给中国三喜集团的女式上装 2 000 件，由于质量问题全部退回，著成服饰根据三喜集团主管税务机关开出的进货退出证明单开具红字增值税专用发票，留下记账联（见图 10-1）记账，同时将发票联和抵扣联送交购货方，并转账退还对方已付的价税款（结算凭证略），请进行相应的账务处理。

福建省增值税专用发票

此联不作报销、扣税凭证使用

机器编号：350005058813

开票代码：512 005100234
开票号码：0917230532
开票日期：2021 年 5 月 1 日
校 验 码：90113 96568 13782 3240

购买方	名　　称：中国三喜集团 纳税人识别号：310582001393 地 址、电 话：绍兴工业园区 13908320812 开户行及账号：浙江绍兴工行 350125966124756	密码区	*(6*+031)3<-9-2>0-305/*1 7*->+2-1+1128>0>8<6/493# #2-3001←2+5>/-315=99999 1+8<4>2>3>4>5>6>7>0<0000

货物或应税劳务、服务名称	规格型号	单位	数量	单价	金额	税率	税额
服饰（女式上装）		件	2 000	200.00	400 000.00	13%	52 000.00
合　计					¥400 000.00		¥52 000.00
价税合计（大写）	※肆拾伍万贰仟元整				（小写）¥452 000.00		

销售方	名　　称：福建著成服饰股份有限公司 纳税人识别号：350582003137 地 址、电 话：晋江工业路 18 号 05958520812 开户行及账号：晋江工行 350256912347651	备注	福建著成服饰股份有限公司 883311234567899 发票专用章

收款人：　　复核：　　开票人：曾林　　销货方：（章）

第一联：记账联 销货方记账凭证

图 10-1　增值税专用发票

业务处理

1. 销售商品已在 4 月份确认收入，请根据图 10-1 及结算凭证，冲减 5 月份收入：

2. 销售商品已在 4 月份结转成本，请冲减 5 月份的主营业务成本 200 000 元：

业务二：2021 年 5 月 12 至 13 日，应天伦服饰有限公司的请求，著成服饰派企业机修师傅利用周末时间为天伦服饰有限公司修理生产设备。期间，著成公司以库存现金支付员工往返交通费用 1 800 元，外出餐费补贴 1 200 元，转账支付员工加班工资 5 000 元。修理完毕，天伦服饰开具增值税专用发票，并转账支付著成公司 30 000 元修理费用及 3 900 元的增值税。

请根据有关单据进行相应的账务处理。

业务处理

1. 以现金付交通费、餐费，以存款付加班工资，根据有关单据编制记账凭证如下：

2. 确认修理收入，根据进账单、增值税专用发票以及相关单据编制记账凭证如下：

3. 结转修理设备成本，根据有关单据编制记账凭证如下：

业务三：2021 年 6 月 1 日，著成服饰采用分期收款方式销售薄款男式西裤 6 000 件，每件不含售价 80 元，增值税税率 13%。合同规定：企业发货时，采款方转账支付 40%的货款及相应的增值税，发货期满一个月，再付 30%的货款及相应的增值税，发货满二个月，支付剩余 30%的货款及相应的增值税。

业务处理

1. 发出商品时，根据有关单据编制记账凭证如下：

[redacted]

2. 发出商品时，针对40%货款开出增值税专用发票，采购商转账支付价税款，请根据有关单据编制记账凭证如下：

[redacted]

3. 薄款男式西裤每件的生产成本50元，请结转发出商品时已确认收入的销售成本：

[redacted]

4. 发出商品满一个月，到了合同规定的付款日，企业针对30%货款开出增值税专用发票，但采购方暂时无法支付有关款项，请根据有关单据编制记账凭证如下：

[redacted]

5. 请结转本次已确认收入的销售成本：

[redacted]

6. 发出商品满二个月，又到了合同规定的付款日，企业针对最后30%货款开出增值税专用发票，采购方开出一张银行承兑汇票抵付所欠价税款，请根据有关单据编制记账凭证如下：

[redacted]

7. 请结转本次已确认收入的销售成本：

[redacted]

项目十一　费　　用

理论题

一、判断题

1. 会计要素中的费用，是指企业在日常活动中发生的，会导致所有者权益减少的，与向所有者分配利润无关的经济利益的总流出。（　）

2. 生产成本也称制造成本，是指企业为生产一定种类和一定数量的产品所发生的能以货币计量的各种生产耗费。（　）

3. 直接分配法是企业指将归集到的辅助生产费用，直接分配给辅助生产车间以外的各受益对象。（　）

4. 销售费用是在销售产品、自制半成品和提供劳务过程中发生的各项费用。（　）

5. 长期借款利息、应付债券利息应当全额计入企业的财务费用。（　）

6. 产品核算的辅助方法必须与基本方法结合起来使用，才能发挥作用。（　）

7. 成本核算的一般程序是指企业按照成本核算要求，归集生产经营过程发生的各要素费用，并按经济用途分配，最后算出产品生产成本过程。（　）

8. 分批法适用大量大批单步骤生产的企业以及大量大批多步骤生产但财务管理上不要求分步骤核算的企业。（　）

9. 汇兑损益是在各种外币业务的会计处理过程中，因采用不同的汇率而产生的会计记账本位币金额的差异。（　）

10. 期间费用是指不能直接归属于某个特定产品成本，但容易确定其发生期间，可从当期损益中直接扣除的费用。（　）

二、单项选择题

1. 企业支付财务部门征订明年书报杂志付的款项，应当借记(　　)账户。

A. 管理费用　　B. 长期待摊费用　　C. 预付账款　　D. 财务费用

2. 下列方法中，(　　)不属于产品辅助生产费用的分配方法。

A. 交互分配法　　B. 计划分配法　　C. 代数分配法　　D. 加权平均法

3. 企业销售产品，代垫运杂费，应借记(　　)账户。

A. 销售费用　　B. 管理费用　　C. 应收账款　　D. 材料采购

4. (　　)就是将月末在产品定额成本当成月末在产品的实际成本，本月累计生产费用减去月末在产品定额成本后即为当月完工产品成本。

A. 定额成本法　　B. 定额比例法

C. 约当产量法　　D. 在产品按年初固定成本计算法

5. 提取生产车间管理人员的工资应借记(　　)。

A. 生产成本　　B. 管理费用　　C. 制造费用　　D. 销售费用

6. 企业提取财务人员工资时，应借记(　　)。

A. 管理费用　　B. 财务费用　　C. 营业费用　　D. 应付职工薪酬

7. 车间主任王某预借差旅费，应借记(　　)。

A. 管理费用　　B. 制造费用　　C. 其他应收款　　D. 其他应付款

8. 某企业采用在产品按年初固定成本计算法，其年初固定成本 100 万，10 月投入产品生产的成本费用 500 万，则 10 月份完工产品成本为(　　)万元。

A. 100　　B. 500　　C. 600　　D. 400

9. 企业支付税收滞纳金，应借记(　　)账户。

A. 税金及附加　　B. 应交税费　　C. 营业外支出　　D. 递延税款

10. 支付生产车间设备修理费，按《企业会计准则》的规定应借记(　　)。

A. 管理费用　　B. 销售费用　　C. 制造费用　　D. 固定资产

三、多项选择题

1. 费用按经济内容可分为外购材料、外购燃料、外购动力和(　　)七大类。

A. 生产成本　　B. 期间费用　　C. 职工薪酬　　D. 折旧费用

2. 制造业的生产成本包括(　　)。

A. 直接材料　　B. 直接人工　　C. 制造费用　　D. 劳务成本

3. 产品成本核算的基本方法有(　　)。

A. 品种法　　B. 定额法　　C. 分步法　　D. 分批法

4. 企业的管理费用包括(　　)。

A. 董事会费　　B. 公司经费

C. 业务招待费　　D. 行政部门固定资产折旧费

5. 壹拾壹月，企业将当月购进的办公设备，计入"管理费用"账户，当月受到影响的账户除"固定资产""管理费用"以外，还有(　　)账户。

A. 本年利润　　B. 所得税费用　　C. 应交税费　　D. 累计折旧

6. 期间费用是指不能直接归属于某个特定产品成本的费用，但容易确定其发生期间，可从当期损益中直接扣除，期间费用主要包括(　　)。

A. 管理费用　　B. 销售费用　　C. 财务费用　　D. 制造费用

业务题

久美服饰有限公司设置一个基本车间(裁剪、平缝、后整理)，生产男女夹克，有一个辅助生产车间——供电车间，为企业生产经营提供电力服务。

男女夹克(或视同)在生产开始时一次投料，月末在产品的直接人工和制造费用采用定额成本计价法。

各产品的期初在产品成本、产成品数量、期末在产品数量均在各产品的“基本生产成本明细账”或“基本生产成本计算单”等相关表格内列示。

请根据有关原始凭证，采用品种法核算久美服饰2020年10月份的产品成本。

业务处理

一、归集分配各项要素费用

(一) 材料费用的归集与分配

1. 财务部门根据领料单，限额领料单编“材料费用汇总分配表”，如图11-1所示。

材料费用汇总分配表

2021 年 10 月 31 日

发出材料 分配对象	甲材料	乙材料	丙材料	丁材料	合计
男夹克	222 480	138 490	70 116		431 086
女夹克	139 557	71 416	51 572		262 545
基本车间				127	127
供电车间				2 003	2 003
合　　计	362 037	209 906	121 688	2 130	695 761

复　核　　　　　　　　　　　　　　制　单

图11-1　材料费用分配汇总表

2. 根据审核无误的材料费用汇总分配表，编制记账凭证：

3. 根据记账凭证及所附的“材料费用汇总分配表”(图11-1)登记有关明细账：

(1) 在图11-9的第②行登记生产男夹克所领用的直接材料。

(2) 登记生产女夹克所领用的直接材料(略)

(3) 在图11-5的第①行登记供电车间领用的直接材料。

(4) 在图11-7的第①行登记基本生产车间一般使用所领材料。

(5) 登记原材料明细账(略)。

(二) 人工费用(即职工薪酬)的归集与分配

1. 根据考勤记录、产量记录等原始资料，编制“人工费用分配表”如图 11-2 所示：

人 工 费 用 分 配 表

2021 年 10 月 31 日

受益部门或受益产品		应付工资金额	五险一金							合 计
			医疗保险 8%	养老保险 16%	失业保险 1%	工伤保险 0.5%	生育保险 0.5%	住房公积金 8%	小计	
基本车间	男夹克	114 000	9 120	18 240	1140	570	570	9 120	38 760	**152 760**
	女夹克	57 600	4 680	9 216	576	288	288	4 608	19 584	**77 184**
	管理人员	20 000	1 600	3 200	200	100	100	1 600	6 800	**26 800**
	小 计	191 600	15 328	30 656	1 916	958	958	15 328	65 144	**256 744**
供电车间		19 200	1 536	3 072	192	96	96	1 536	5 440	**25 728**
行政部门		35 600	2 848	5 696	356	178	178	2 848	12 104	**47 704**
合 计		246 400	19 712	39 424	2 464	1 232	1 232	19 712	83 776	**330 176**

复 核　　　　　　　　制 单

图 11-2　人工费用分配表

2. 根据“人工费用分配表”及其所附的单据编制分配工资的记账凭证：

3. 根据记账凭证及所附的“人工费用分配表”登记有关明细账：

(1) 在图 11-9 的第③行登记生产男夹克所发生的直接人工。

(2) 登记生产女夹克所发生的直接人工(略)

(3) 在图 11-5 的第②行登记供电车间发生的直接人工。

(4) 在图 11-7 的第②行登记基本生产车间管理人员薪酬。

(5) 登记管理费用、应付职工薪酬明细账(略)

(三) 折旧费用的归集与分配

1. 根据有关资料，编制折旧费用分配表，如图 11-3 所示。

折旧费用分配表

2021年10月31日　　单位：元

应借账户名称	固定资产使用部门	9月份应提折旧	9月新增固定资产折旧	9月减少固定资产折旧	10月份应提折旧
制造费用	基本车间	13 104	1 920	960	14 064
辅助生产成本	供电车间	4 800		102	4 698
管理费用	行政部门	7 350			7 350
合　计		**25 254**	**1 920**	**1062**	**26 112**

复核　　制单

图 11-3　折旧费用分配表

2. 根据“折旧费用分配表”(图 11-3 所示)编制记账凭证如下：

3. 根据记账凭证及所附的“折旧费用分配表”登记有关明细账：

(1) 在图 11-5 的第③行登记供电车间本月折旧费用。

(2) 在图 11-7 的第③行登记基本生产车间本月折旧费用。

(3) 登记管理费用、累计折旧明细账(略)

(四) 其他费用的归集与分配

1. 编制当月其他费用汇总分配表，如图 11-4 所示。

其他费用汇总分配表

2021年10月31日　　单位：元

受益部门	成本或费用项目				
	办公费	保险费	劳动保护费	其它	小计
基本车间	1 366.00	680.00	393.00	150.00	2 589.00
供电车间	500.00	250.00	230.00	95.00	1 075.00
行政部门	3 260.00	950.00	300.00	182.00	4 692.00
合　计	**5 126.00**	**1 880.00**	**923.00**	**427.00**	**8 356.00**
备　注	假设各项费用均以银行存款支付。				

复核　　制单

图 11-4　其他费用汇总分配表

2. 根据“其他费用汇总分配表”(图 11-4)编制会计分录如下：

3. 根据记账凭证及所附的“其他费用汇总分配表”登记有关明细账：

(1) 在图 11-5 的第④行登记供电车间本月发生的其他费用。

(2) 在图 11-7 的第④行登记基本生产车间本月发生的其他费用。

(3) 登记管理费用明细账、银行存款日记账(略)。

二、辅助生产费用的归集与分配

(一) 归集辅助生产费用

在图 11-5 的①至⑤行归集本月供电车间的辅助生产费用。

辅助生产成本明细账

供电车间　　　　　　　　　　　　单位：元

摘要	成本总额								产品成本项目						
	十	万	千	百	十	元	角	分	直接材料	直接人工	折旧费	办公费	保险费	劳保费	其他
①															
②															
③															
④															
⑤															
⑥															

图 11-5　辅助生产成本明细账

(二) 辅助生产费用的分配

1. 求辅助生产费用分配率以及基本车间一般用电、行政管理部门用电应分配金额，将分配率及分配结果填写在图 11-6 上。

电费（辅助生产费用）分配表

2021 年 10 月 31 日　　　　　　单位：元

受益对象或部门	用电度数	分配率	分配金额
基本车间一般使用	39 200		
行政管理部门	16 640		
合　　计	**55 840**		

复　核　　　　　　　　制　单

图 11-6　电费分配表

提示：图 11-6 中，用电度数为已知条件，由供电车间或统计部门提供。

2. 账务处理。

根据编制完毕并审核无误的电费分配表(图 11-6)编制记账凭证：

3. 根据记账凭证及所附的“其他费用汇总分配表”登记有关明细账：

(1) 在图 11-5 上(红笔)登记本月转出的辅助生产成本。

(2) 在图 11-7 上登记基本生产车间本月转入的辅助生产费用。

三、制造费用的归集与分配

1. 在图 11-7 上归集基本生产车间的制造费用。

制造费用明细账

基本生产车间　　　　单位：元

摘　要	费用总额								费　用　项　目							
	十	万	千	百	十	元	角	分	机物料	人工费	折旧费	辅助（电）费用	办公费	保险费	劳保费	其他
①																
②																
③																
④																
⑤																
⑥																
⑦																

图 11-7　制造费用明细账

2. 在图 11-8 上分配制造费用。

制造费用分配表

车间：基本生产车间　　2021 年 10 月 31 日　　单位：元

分配对象	分配标准（生产工时）	分配率	应分配金额
男夹克	15 000		
女夹克	11 840		
合计	26 840		

复　核　　　　制　单

图 11-8　制造费用分配表

提示：图 11-8 中，生产工时为已知条件，由基本生产车间或统计部门提供，应分配金额合计数从图 11-7 上取得，分配率及男女夹克应分摊的制造费用由学生计算获得，将计算结果直接填写在图 11-8 上。

3. 根据制造费用分配结果进行账务处理：

(1) 在图 11-7 上(红笔)登记本月转出的制造费用。

(2) 在图 11-9 上登记本月转入男夹克生产成本的制造费用。

四、分配完工产品与月末在产品成本

【补充资料】久美服饰采用定额成本法分配男夹克完工产品成本与月末在产品成本。女夹克本月才投产，尚未完工，本月生产费用即为本月在产品成本，无须分配；男夹克本月完工 8 000 件，月末在产品 2 000 件，月末在产品定额成本分别是：直接材料费用 107 999 元、直接人工费用 24 000 元、制造费用 11 880 元。

1. 在“基本生产成本明细账——男夹克”(图 11-9)第⑤行累计男夹克生产费用。

基本生产成本明细账

名称及规格：男夹克

21年		凭证	摘　要	成本总额									产 品 成 本 项 目					
月	日			百	十	万	千	百	十	元	角	分	直接材料		直接人工		制造费用	
9	30		①在产品成本		1	7	0	5	3	3	0	0	108 913	00	51 240	00	10 380	00
10	31		②生产领用材料															
10	31		③计提职工薪酬															
10	31		④转入制造费用															
10	31		⑤生产费用累计															
10	31		⑥完工产品成本															
10	31		⑦在产品成本															

图 11-9

2. 在图 11-10 上编制男夹克产品成本计算单。

产 品 成 本 计 算 单

完工产品：8 000 件

产品名称：男夹克　　2021 年 10 月　　月末在产品：2 000 件

成本项目	直接材料	直接人工	制造费用	合计
生产费用累计				
完工产品成本				
完工产品单位成本				
月末在产品成本				

复　核　　　　制　单

图 11-10

3. 根据图 11-10 和商品入库单(略)，编制结转完工产品成本的记账凭证如下：

4. 登账：

（1）在图 11-9 第⑥行（红笔）登记本月完工男夹克的生产成本。

（2）在图 11-9 第⑦行登记男夹克月末在产品成本。

（3）在“库存商品明细账——男夹克”上登记验收入库男夹克的生产成本（略）。

项目十二　利　润

理论题

一、判断题

1. 利润是企业在一定会计期间的经营成果，包括收入减去费用后的净额、直接计入当期利润的利得和损失等。（　）

2. 利润是反映企业管理水平的一项综合性指标。（　）

3. 利润核算的方法有表结法和账结法两种，现实工作中，多数企业都采用表结法。（　）

4. 当年的税后净利润就是企业可供分配的利润。（　）

5. 营业外收入，是企业非日常生产经营活动形成的，应当计入当期损益，会导致所有者权益增加，与所有者投入资本无关的经济利益净流入。（　）

6. 企业三年内亏损用税前利润弥补，三年前的亏损用税后利润或盈余公积金弥补。（　）

7. 年终前的财产清查可以是全面清查，也可以是局部清查。（　）

8. 计算利润前，应根据权责发生制原则，将本期应入账的一切经济业务全部入账。（　）

9. 采用纳税影响会计法，所得税费用是=企业会计利润×所得税税率。（　）

10. 应付税额法就是企业以税法计算的应交所得税金额为主体，加上或者减去暂时性差异对所得税的影响金额后，确认为当期所得税费用。（　）

11. 企业综合收益总额就是企业的净利润。（　）

12. 企业所得税是税务机关向独立核算的企业，就其会计年度实现的应纳税所得额征收的一种税款。（　）

二、单项选择题

1. 企业的经营能力、费用控制水平和资金使用效益都可以通过（　）表现出来。

A. 生产成本　　B. 期间费用

C. 利润　　D. 实际缴交的各类税款

2. 属于账实核对的有（　）。

A. 核对总分类账户余额与所属明细账户余额之和是否相等

B. 核对总账的资产总额与权益总额是否平衡

C. 核对财会部门存货的明细账余额与保管、管理、使用部门的账卡余额是否一致
D. 核对银行存款日记账与银行对账单的余额是否相符
3. (　　)是由会计税前利润与纳税所得额之间的计算时间不一致而产生的。
A. 永久性差异　　B. 暂时性差异　　C. 所得税费用　　D. 营业外收支净额
4. 企业下列事项，属于应交所得税暂时性差异的是(　　)
A. 工资中超过支出标准部分　　B. 业务招待费中超过支出标准部分
C. 因违规而缴纳的滞纳金、罚款　　D. 累计折旧
5. 财产清查是企业保证(　　)一种会计专门方法
A. 账证相符　　B. 账账相符　　C. 账实相符　　D. 账表相符
6. 企业对可供分配的利润进行分配时，排在首位的是(　　)。
A. 应付优先股股利　　B. 提取任意盈余公积
C. 应付普通股股利　　D. 转作资本或股本的普通股股利
7. 某一暂时性差异造成在一个较长的时间范围内，企业所得税前期多交，后期少交，则按会计利润求出的所得税费用和按应纳税所得额求出的应交所得税之差应确认为(　　)。
A. 递延所得税资产　　B. 递延所得税负债
C. 长期待摊费用　　D. 营业外支出
8. 企业结转当年发生的净亏损，应(　　)。
A. 借：本年利润　　B. 贷：利润分配——未分配利润
C. 借：利润分配——其他转入　　D. 贷：本年利润
9. 投资收益年末结转本年利润前如为借方余额，则表明(　　)。
A. 本年对外投资的盈利额　　B. 本年对外投资的亏损额
C. 对外投资累积盈利额　　D. 对外累积亏损额
10. 经批准向股东分派股票股利应借(　　)。
A. 利润分配——未分配利润
B. 利润分配——转作资本(或股本)的普通股利
C. 利润分配——应付股利
D. 应付股利
11. 企业利润总额=(　　)。
A. 营业利润+营业外收入-营业外支出　　B. 营业利润+其他综合收益
C. 营业利润+综合收益　　D. 营业利润+其他综合收益税后净额
12. 能重分类进损益的其他综合收益包括(　　)。
A. 重新计量设定受益计划变动额　　B. 权益法下不能转损益的其他综合收益
C. 现金流量套期储备　　D. 企业自身信用风险公允价值变动。

三、多项选择题

1. 为了真实、准确地核算企业利润，在利润核算前应先做好下列准备工作(　　)。
A. 核对账目　　B. 财产清查　　C. 账项调整　　D. 设置账户

2. 下列属于应交所得税永久性差异项目的有(　　)。
A. 企业超过年度利润总额12%的公益救济性捐赠
B. 企业从被投资企业分得的税后利润
C. 企业从非金融机构借款超出同期金融机构贷款利率的利息费用
D. 企业因违法违规而交付的罚款、罚金和滞纳金
3. 属于营业外支出的有(　　)。
A. 损毁固定资产净损失　　B. 罚款支出
C. 捐赠支出　　D. 出售无形资产所有权净损失
4. 采用应付税款法核算所得税时应设置下列账户(　　)。
A. 所得税费用　　B. 应交税费——应交所得税
C. 递延所得税资产　　D. 递延所得税负债
5. 利润表中的营业收入包括(　　)。
A. 主营业务收入　B. 其他业务收入　C. 营业外收入　D. 投资收益
6. 企业其他综合收益税后净额包括企业的(　　)。
A. 投资净收益　　B. 营业外收支净额
C. 不能重分类进损益的其他综合收益　　D. 将重分类进损益的其他综合收益

业务题

久美服饰平时采用表结法计算企业利润，年终采用账结法结转全年利润。2021年该公司损益类账户结转本年利润前的余额如图12-1所示。

久美服饰有限公司科目余额表

2021年12月31日

会计科目	结账前借方余额	结账前贷方余额
主营业务收入		7 900 000
税金及附加	600 000	
主营业务成本	4 500 000	
销售费用	800 000	
管理费用	400 000	
财务费用	100 000	
其他业务收入		840 000
投资收益		650 000
营业外收入		45 000
其他业务成本	480 000	
营业外支出	155 000	

图12-1　科目余额表

业务处理

1. 将损益类账户中各收入类账户结转前的贷方余额转入本年利润：

2. 将损益类账户中各成本、费用类账户结转前的借方余额转入本年利润：

3. 计算：

（1）2021 年全年的营业利润=

（2）2021 年全年利润总额=

（3）2021 年全年应交所得税（企业无纳税调整项目）=

（4）2021 年全年税后利润=

4. 采用应付税款法，编制提取所得税的记账凭证：

5. 编制结转所得税费用的记账凭证：

6. 按税后利润的 10%提取法定公积金、5%提取任意公积金，编制记账凭证：

7. 计算可供分配的利润：

【补充资料】企业 2021 年初“利润分配——未分配利润”贷方余额 470 000 元。

企业 2021 年可供分配的利润＝

8. 将可供分配的利润的 50%以现金股利的方式分配给投资人，编制可记账凭证：

（该企业只有普通股，没有优先股）

9. 将 2021 年实现的净利润转入未分配利润：

10. 结平利润分配有关明细科目：

项目十三　财务会计报告

理论题

一、判断题

1. 企业财务会计报告是反映企业某一特定日期的财务状况和某一会计期间经营成果和现金流量的书面文件。（　　）

2. 利润表是反映企业在某一特定日期盈利或亏损情况的报表。（　　）

3. 资产负债表中的“资产”是按资产流动性强弱顺序进行排列。（　　）

4. 资产负债表的报表项目都是根据总账账户的期末余额直接填列。（　　）

5. 在资产负债表存货项目中，材料成本差异属于材料的附加项目。（　　）

6. 利润表各项目的计算依据是各项目相关账户的本期发生额。（　　）

7. 利润表的格式有单步式和多步式，我国利润表采用多步式。（　　）

8. 利润表中“税金及附加”项目反映了企业应负担的增值税、消费税等。（　　）

9. 利润表中“上期金额”根据上年同期利润表“本期金额”栏所列数字填列。（　　）

10.《企业会计准则》规定：现金流量表采用直接法编制，但同时要求在附注中披露用间接法计算的经营活动现金流量。（　　）

二、单项选择题

1. 编制资产负债表的理论依据是(　　)。

A. 有借必有贷，借贷必相等　　B. 资产=负债+所有者权益

C. 收入-费用=利润　　D. 试算平衡

2. 某企业某期固定资产账户期末余额100万元，累计折旧账户期末余额20万元，固定资产减值准备账户期末余额10万元，则同期资产负债表中“固定资产”项目应填(　　)。

A. 100万元　　B. 80万元　　C. 70万元　　D. 90万元

3. 某企业某期应收账款总账期末借方余额100万，应收账款——A期末借方余额120万；应收账款——B期末贷方余额20万；预收账款总账贷方余额50万，预收账款——C期末贷方余额60万；预收账款——D期末借方余额10万。假设该企业没有计提坏账准备，则同期资产负债表中的“应收账款”项目应填写(　　)万元。

A. 100　　B. 120　　C. 130　　D. 50

4. 在采用表结法的月份，如果本年利润贷方余额100万元，利润分配借方余额40万

元，则资产负债表中的“未分配利润”项目应填写(　　)万元。

A. 100　　B. 400　　C. 60　　D. 140

5. 利润表中根据同名账户的当期累计借方发生额直接填列的项目有(　　)。

A. 营业成本　　B. 营业收入　　C. 所得税费用　　D. 投资收益

6. 采用直接法编制现金流量表一般以利润表中的(　　)为起点。

A. 主营业务收入　　B. 营业收入　　C. 利润总额　　D. 净利润

7. 购建固定资产、无形资产和其他长期资产所付现金，属于(　　)的现金流量。

A. 经营活动所产生　　B. 投资活动所产生　　C. 筹资活动所产生　　D. 其他活动所产生

8. 收到(　　)属于“收到的其他与经营活动有关的现金”。

A. 税费返还款　　B. 增值销项税额　　C. 借款本金　　D. 出借包装物的押金

9.“交易性金融资产”账户应列入“收回投资所收到的现金”的金额是(　　)。

A. 交易性金融资产本期借方发生额　　B. 交易性金融资产本期贷方发生额

C. 交易性金融资产(期初数-期末数)　　D. 交易性金融资产(期末数-期初数)

10. 现金流量表中“取得投资收益所收到的现金”等于(　　)。

A. 利润表所列投资收益

B. 利润表所列投资收益-应收股利(期末数-期初数)

C. 利润表所列投资收益-应收利息(期末数-期初数)-应收股利(期末数-期初数)

D. 利润表所列投资收益-应收利息(期初数-期末数)-应收股利(期初数-期末数)

三、多项选择题

1. 财务会计报告包括(　　)等。

A. 会计报表　　B. 会计报表附注　　C. 财务情况说明书　　D. 企业年度预算

2. 反映企业财务状况的是(　　)。

A. 资产负债表　　B. 利润表　　C. 现金流量表　　D. 股东权益变动表

3. 资产负债表中的“其他应付款”项目，根据(　　)账户的期末余额计算填列。

A. 其他应付款　　B. 应付利息　　C. 应付账款　　D. 应付股利

4. 现金流量表中的现金包括企业的(　　)。

A. 库存现金　　B. 银行存款　　C. 其他货币资金　　D. 现金等价物

5. 现金流量表的基本资料包括(　　)。

A. 经营活动产生的现金流量

B. 投资活动产生的现金流量

C. 筹资活动产生的现金流量

D. 一定期间影响资产或负债，但不形成该期现金收支的所有投资和筹资活动信息

业务题

业务一：久美服饰 2021 年 3 月份总账的账户资料如图 13-1～图 13-28 所示。

总　　账

总页	账号
	分页

科 目：库存现金

21年		记账凭证		摘要	借方金额									核对号	贷方金额									借或贷	余额								
月	日	种类	号数		百	十	万	千	百	十	元	角	分		百	十	万	千	百	十	元	角	分		百	十	万	千	百	十	元	角	分
3	31	汇		汇总过入			5	2	0	0	0	0	0	√			4	9	8	0	0	0	0	借				8	0	0	0	0	0

图 13-1　库存现金总账

总　　账

总页	账号
	分页

科 目：银行存款

21年		记账凭证		摘要	借方金额									核对号	贷方金额									借或贷	余额								
月	日	种类	号数		百	十	万	千	百	十	元	角	分		百	十	万	千	百	十	元	角	分		百	十	万	千	百	十	元	角	分
3	31	汇		汇总过入	2	8	9	3	8	0	0	0	0	√	1	3	6	2	4	0	0	0	0	借	2	0	9	2	0	0	0	0	0

图 13-2　银行存款总账

总　　账

总页	账号
	分页

科 目：其他货币资金

21年		记账凭证		摘要	借方金额									核对号	贷方金额									借或贷	余额								
月	日	种类	号数		百	十	万	千	百	十	元	角	分		百	十	万	千	百	十	元	角	分		百	十	万	千	百	十	元	角	分
3	31	汇		汇总过入			4	0	0	0	0	0	0	√										借			4	0	0	0	0	0	0

图 13-3　其他货币资金总账

总　　账

总页	账号
	分页

科 目：交易性金融资产

21年		记账凭证		摘要	借方金额									核对号	贷方金额									借或贷	余额								
月	日	种类	号数		百	十	万	千	百	十	元	角	分		百	十	万	千	百	十	元	角	分		百	十	万	千	百	十	元	角	分
3	31	汇		汇总过入	1	2	0	0	0	0	0	0	0	√										借	1	2	0	0	0	0	0	0	0

图 13-4　交易性金融资产总账

总　　账

总页	账号
	分页

科 目：应收票据

21年		记账凭证		摘要	借方金额									核对号	贷方金额									借或贷	余额								
月	日	种类	号数		百	十	万	千	百	十	元	角	分		百	十	万	千	百	十	元	角	分		百	十	万	千	百	十	元	角	分
3	31	汇		汇总过入		1	0	0	0	0	0	0	0	√										借		1	0	0	0	0	0	0	0

图 13-5　应收票据总账

总　　账

总页	账号
	分页

科 目：其他应收款

21年		记账凭证		摘要	借方金额									核对号	贷方金额									借或贷	余额								
月	日	种类	号数		百	十	万	千	百	十	元	角	分		百	十	万	千	百	十	元	角	分		百	十	万	千	百	十	元	角	分
3	31	汇		汇总过入				4	0	0	0	0	0	√										借				5	0	0	0	0	0

图 13-6　其他应收款总账

总账

总页	账号	
	分页	

科目：材料采购

21年		记账凭证		摘要	借方金额									核对号	贷方金额									借或贷	余额								
月	日	种类	号数		百	十	万	千	百	十	元	角	分		百	十	万	千	百	十	元	角	分		百	十	万	千	百	十	元	角	分
3	31	汇		汇总过入		9	9	3	0	0	0	0	0	√		9	2	5	6	0	0	0	0	借		1	5	5	0	0	0	0	0

图 13-7 材料采购总账

总账

总页	账号	
	分页	

科目：原材料

21年		记账凭证		摘要	借方金额									核对号	贷方金额									借或贷	余额								
月	日	种类	号数		百	十	万	千	百	十	元	角	分		百	十	万	千	百	十	元	角	分		百	十	万	千	百	十	元	角	分
3	31	汇		汇总过入		9	2	5	6	0	0	0	0	√		4	5	0	0	0	0	0	0	借		5	8	2	1	0	0	0	0

图 13-8 原材料总账

总账

总页	账号	
	分页	

科目：库存商品

21年		记账凭证		摘要	借方金额									核对号	贷方金额									借或贷	余额								
月	日	种类	号数		百	十	万	千	百	十	元	角	分		百	十	万	千	百	十	元	角	分		百	十	万	千	百	十	元	角	分
3	31	汇		汇总过入		9	5	5	8	0	0	0	0	√		6	2	0	3	0	0	0	0	借		4	9	3	0	0	0	0	0

图 13-9 库存商品总账

总账

总页	账号	
	分页	

科目：周转材料

21年		记账凭证		摘要	借方金额									核对号	贷方金额									借或贷	余额								
月	日	种类	号数		百	十	万	千	百	十	元	角	分		百	十	万	千	百	十	元	角	分		百	十	万	千	百	十	元	角	分
3	31	汇		汇总过入		2	9	8	0	0	0	0	0	√		1	7	6	5	0	0	0	0	借		1	5	1	2	0	0	0	0

图 13-10 周转材料总账

总账

总页	账号	
	分页	

科目：长期股权投资

21年		记账凭证		摘要	借方金额									核对号	贷方金额									借或贷	余额								
月	日	种类	号数		百	十	万	千	百	十	元	角	分		百	十	万	千	百	十	元	角	分		百	十	万	千	百	十	元	角	分
3	31			上年结转																				借		8	0	0	0	0	0	0	0

图 13-11 长期股权投资总账

总账

总页	账号	
	分页	

科目：固定资产

21年		记账凭证		摘要	借方金额									核对号	贷方金额									借或贷	余额								
月	日	种类	号数		百	十	万	千	百	十	元	角	分		百	十	万	千	百	十	元	角	分		百	十	万	千	百	十	元	角	分
3	31			上年结转																				借	4	0	0	0	0	0	0	0	0

图 13-12 固定资产总账

总　　账

总页	账号	
	分页	

科目：无形资产

21年		记账凭证		摘要	借方金额									核对号	贷方金额									借或贷	余额								
月	日	种类	号数		百	十	万	千	百	十	元	角	分		百	十	万	千	百	十	元	角	分		百	十	万	千	百	十	元	角	分
3	31			上年结转																				借	1	4	5	0	0	0	0	0	0

图 13-13　无形资产总账

总　　账

总页	账号	
	分页	

科目：生产成本

21年		记账凭证		摘要	借方金额									核对号	贷方金额									借或贷	余额								
月	日	种类	号数		百	十	万	千	百	十	元	角	分		百	十	万	千	百	十	元	角	分		百	十	万	千	百	十	元	角	分
3	31	汇		汇总过入		9	9	8	0	0	0	0	0	√		9	5	5	8	0	0	0	0	借			8	2	4	0	0	0	0

图 13-14　生产成本总账

总　　账

总页	账号	
	分页	

科目：短期借款

21年		记账凭证		摘要	借方金额									核对号	贷方金额									借或贷	余额								
月	日	种类	号数		百	十	万	千	百	十	元	角	分		百	十	万	千	百	十	元	角	分		百	十	万	千	百	十	元	角	分
3	31	汇		汇总过入										√		5	0	0	0	0	0	0	0	贷		5	0	0	0	0	0	0	0

图 13-15　短期借款总账

总　　账

总页	账号	
	分页	

科目：应付票据

21年		记账凭证		摘要	借方金额									核对号	贷方金额									借或贷	余额								
月	日	种类	号数		百	十	万	千	百	十	元	角	分		百	十	万	千	百	十	元	角	分		百	十	万	千	百	十	元	角	分
3	31	汇		汇总过入										√		2	0	0	0	0	0	0	0	贷		2	0	0	0	0	0	0	0

图 13-16　短期借款总账

总　　账

总页	账号	
	分页	

科目：应交税费

21年		记账凭证		摘要	借方金额									核对号	贷方金额									借或贷	余额								
月	日	种类	号数		百	十	万	千	百	十	元	角	分		百	十	万	千	百	十	元	角	分		百	十	万	千	百	十	元	角	分
3	31	汇		汇总过入		3	5	4	0	0	0	0	0	√		3	5	0	0	0	0	0	0	贷			9	5	0	0	0	0	0

图 13-17　应交税费总账

总　　账

总页	账号	
	分页	

科目：应付职工薪酬

21年		记账凭证		摘要	借方金额									核对号	贷方金额									借或贷	余额								
月	日	种类	号数		百	十	万	千	百	十	元	角	分		百	十	万	千	百	十	元	角	分		百	十	万	千	百	十	元	角	分
3	31	汇		汇总过入		3	6	0	0	0	0	0	0	√		3	0	0	0	0	0	0	0	贷			4	3	5	0	0	0	0

图 13-18　应付职工薪酬总账

总 账

总页	账号	
	分页	

科 目：应付利息

21年		记账凭证		摘 要	借方金额									核对号	贷方金额									借或贷	余额								
月	日	种类	号数		百	十	万	千	百	十	元	角	分		百	十	万	千	百	十	元	角	分		百	十	万	千	百	十	元	角	分
3	31	汇		汇总过入										√			1	4	0	0	0	0	0	贷			4	2	0	0	0	0	0

图 13-19 应付利息总账

总 账

总页	账号	
	分页	

科 目：其他应付款

21年		记账凭证		摘 要	借方金额									核对号	贷方金额									借或贷	余额								
月	日	种类	号数		百	十	万	千	百	十	元	角	分		百	十	万	千	百	十	元	角	分		百	十	万	千	百	十	元	角	分
3	31	汇		汇总过入										√				3	0	0	0	0	0	贷				8	0	0	0	0	0

图 13-20 其他应付款总账

总 账

总页	账号	
	分页	

科 目：累计折旧

21年		记账凭证		摘 要	借方金额									核对号	贷方金额									借或贷	余额								
月	日	种类	号数		百	十	万	千	百	十	元	角	分		百	十	万	千	百	十	元	角	分		百	十	万	千	百	十	元	角	分
3	31	汇		汇总过入										√				8	7	3	0	0	0	贷		6	9	6	0	0	0	0	0

图 13-21 累计折旧总账

总 账

总页	账号	
	分页	

科 目：累计摊销

21年		记账凭证		摘 要	借方金额									核对号	贷方金额									借或贷	余额								
月	日	种类	号数		百	十	万	千	百	十	元	角	分		百	十	万	千	百	十	元	角	分		百	十	万	千	百	十	元	角	分
3	31	汇		汇总过入										√				4	8	0	0	0	0	贷			9	1	5	0	0	0	0

图 13-22 累计摊销总账

总 账

总页	账号	
	分页	

科 目：坏账准备

21年		记账凭证		摘 要	借方金额									核对号	贷方金额									借或贷	余额								
月	日	种类	号数		百	十	万	千	百	十	元	角	分		百	十	万	千	百	十	元	角	分		百	十	万	千	百	十	元	角	分
3	31	汇		上年结转										√										贷			5	8	0	0	0	0	0

图 13-23 坏账准备总账

总 账

总页	账号	
	分页	

科 目：实收资本

21年		记账凭证		摘 要	借方金额									核对号	贷方金额									借或贷	余额								
月	日	种类	号数		百	十	万	千	百	十	元	角	分		百	十	万	千	百	十	元	角	分		百	十	万	千	百	十	元	角	分
3	31	汇		上年结转										√										贷	5	0	0	0	0	0	0	0	0

图 13-24 实收资本总账

总 账

总页 | 账号 | 分页

科目：资本公积

21年		记账凭证		摘要	借方金额									核对号	贷方金额									借或贷	余额								
月	日	种类	号数		百	十	万	千	百	十	元	角	分		百	十	万	千	百	十	元	角	分		百	十	万	千	百	十	元	角	分
3	31	汇		上年结转										√										贷		5	7	6	0	0	0	0	0

图 13-25 资本公积总账

总 账

总页 | 账号 | 分页

科目：盈余公积

21年		记账凭证		摘要	借方金额									核对号	贷方金额									借或贷	余额								
月	日	种类	号数		百	十	万	千	百	十	元	角	分		百	十	万	千	百	十	元	角	分		百	十	万	千	百	十	元	角	分
3	31	汇		上年结转										√										贷		3	8	0	0	0	0	0	0

图 13-26 盈余公积总账

总 账

总页 | 账号 | 分页

科目：利润分配

21年		记账凭证		摘要	借方金额									核对号	贷方金额									借或贷	余额								
月	日	种类	号数		百	十	万	千	百	十	元	角	分		百	十	万	千	百	十	元	角	分		百	十	万	千	百	十	元	角	分
1	1	汇		上年结转										√										贷		6	6	0	8	0	0	0	0

图 13-27 利润分配总账

总 账

总页 | 账号 | 分页

科目：本年利润

21年		记账凭证		摘要	借方金额									核对号	贷方金额									借或贷	余额								
月	日	种类	号数		百	十	万	千	百	十	元	角	分		百	十	万	千	百	十	元	角	分		百	十	万	千	百	十	元	角	分
3	31	汇		汇总过入	1	6	4	7	0	8	0	0	0	√	1	8	9	3	0	0	0	0	0	贷		4	8	7	1	8	0	0	0

图 13-28 本年利润总账

资料：久美服饰有限公司 2021 年 3 月份部分明细账的账户资料

1. 应收账款所属明细账的账户资料见图 13-29、图 13-30。

明 细 账

总页 | 账号 | 分页

科目：应收账款　　户名：顶新商城

21年		记账凭证		摘要	借方金额									核对号	贷方金额									借或贷	余额								
月	日	种类	号数		百	十	万	千	百	十	元	角	分		百	十	万	千	百	十	元	角	分		百	十	万	千	百	十	元	角	分
3	25	记	54	应收销货款		6	5	0	0	0	0	0	0											借		6	5	0	0	0	0	0	0
3	31			本月合计		6	5	0	0	0	0	0	0																				

图 13-29 应收账款明细账

明 细 账

总页	账号	
	分页	

科 目：应收账款　　户 名：著龙服饰

21年		记账凭证		摘要	借方金额									核对号	贷方金额									借或贷	余额								
月	日	种类	号数		百	十	万	千	百	十	元	角	分		百	十	万	千	百	十	元	角	分		百	十	万	千	百	十	元	角	分
3	26	记	55	收到销货款												2	5	0	0	0	0	0	0	贷			6	1	7	2	0	0	0
3	31			本月合计		2	0	0	0	0	0	0	0																				

图 13-30　应收账款明细账

2. 预收账款所属明细账的账户资料见图 13-31、图 13-32。

明 细 账

总页	账号	
	分页	

科 目：预收账款　　户 名：西部超市

21年		记账凭证		摘要	借方金额									核对号	贷方金额									借或贷	余额								
月	日	种类	号数		百	十	万	千	百	十	元	角	分		百	十	万	千	百	十	元	角	分		百	十	万	千	百	十	元	角	分
3	27	记	56	预收购货款												3	0	0	0	0	0	0	0	贷		3	0	0	0	0	0	0	0
3	31			本月合计												3	0	0	0	0	0	0	0										

图 13-31　预收账款明细账

明 细 账

总页	账号	
	分页	

科 目：预收账款　　户 名：九龙批发

21年		记账凭证		摘要	借方金额									核对号	贷方金额									借或贷	余额								
月	日	种类	号数		百	十	万	千	百	十	元	角	分		百	十	万	千	百	十	元	角	分		百	十	万	千	百	十	元	角	分
3	28	记	57	预收购货款		1	7	0	0	0	0	0	0											借			3	6	0	0	0	0	0
3	31			本月合计		1	7	0	0	0	0	0	0			1	3	4	0	0	0	0	0										

图 13-32　预收账款明细账

3. 应付账款所属明细账的账户资料见图 13-33、图 13-34。

明 细 账

总页	账号	
	分页	

科 目：应付账款　　户 名：黄河轻纺

21年		记账凭证		摘要	借方金额									核对号	贷方金额									借或贷	余额								
月	日	种类	号数		百	十	万	千	百	十	元	角	分		百	十	万	千	百	十	元	角	分		百	十	万	千	百	十	元	角	分
3	29	记	58	应付材料款												5	0	0	0	0	0	0	0	贷		2	2	5	0	0	0	0	0
3	31			本月合计												5	0	0	0	0	0	0	0										

图 13-33　应付账款明细账

明 细 账

总页	账号	
	分页	

科 目：应付账款　　户 名：福塑集团

21年		记账凭证		摘要	借方金额									核对号	贷方金额									借或贷	余额								
月	日	种类	号数		百	十	万	千	百	十	元	角	分		百	十	万	千	百	十	元	角	分		百	十	万	千	百	十	元	角	分
3	30	记	58	预付部份货款													5	0	0	0	0	0	0	借			8	0	0	0	0	0	0
3	31			本月合计		1	3	0	0	0	0	0	0				5	0	0	0	0	0	0										

图 13-34　应付账款明细账

4. 长期借款所属明细账的账户资料见图 13-35、图 13-36。

明 细 账

总第____页
分第____页

科目：长期借款 户名：建设银行

21年 月	日	记账凭证 种类	号数	摘 要	借方金额 百十万千百十元角分	核对号	贷方金额 百十万千百十元角分	借或贷	余额 百十万千百十元角分
1	1			上年结转				贷	1 5 0 0 0 0 0 0 0

图 13-35 长期借款明细账（2019 年借入，为期三年）

明 细 账

总第____页
分第____页

科目：长期借款 户名：中国银行

21年 月	日	记账凭证 种类	号数	摘 要	借方金额 百十万千百十元角分	核对号	贷方金额 百十万千百十元角分	借或贷	余额 百十万千百十元角分
1	1			上年结转				贷	1 0 0 0 0 0 0 0 0

图 13-36 长期借款明细账（2017 年 5 月借入，一年内到期）

请根据以上资料，编制久美服饰 2021 年 3 月份的资产负债表。

业务处理

1. 根据久美服饰 2021 年 3 月份总账账户资料和明细账账户资料，在图 13-37 上编制该公司 2021 年 3 月份期末余额试算平衡表。

久美服饰 2021 年 3 月期末余额试算平衡表　　单位：元

账户名称	借或贷	期末余额	账户名称	借或贷	期末余额
库存现金			短期借款		
银行存款			应付票据		
其他货币资金			其他应付款		
交易性金融资产			应交税费		
应收票据			应付职工薪酬		
应收账款—顶新集团			应付利息		
—著龙服饰			预收账款—西部超市		
坏账准备			—九龙批发		
其他应收款			应付账款—黄河轻纺		
材料采购			—福塑集团		
原材料			长期借款		
库存商品			其中：一年内到期		
周转材料			实收资本		
生产成本			资本公积		
长期股权投资			盈余公资		
固定资产			本年利润		
累计折旧			利润分配		
无形资产					
累计摊销					
合计			合计		

图 13-37 久美服饰 2021 年 3 月期末余额试算平衡表

2. 根据编制好的图 13-37 及有关资料，分析、计算并在图 13-38 上填列该公司 2021 年 3 月资产负债表的期末数。

资 产 负 债 表

年　月　日　　　　会企 01 表

编制单位：　　　　单位：元

资　　产	行次	年初数	年末数	负债及所有者权益	行次	年初数	年末数
流动资产：		略		流动负债：			
货币资金				短期借款		略	
以公允价值计量且变动计入当期损益的金融资产				以公允价值计量且变动计入当期损益的金融负债			
衍生金融资产				衍生金融负债			
应收票据				应付票据			
应收账款				应付账款			
预付账款				预收账款			
其他应收款				应付职工薪酬			
存货				应交税费			
持有待售资产				其他应付款			
一年内到期非流动资产				持有待售负债			
其他流动资产				一年内到期非流动负债			
流动资产合计				其他流动负债			
非流动资产：				流动负债合计			
可供出售金融资产				非流动负债：			
持有至到期投资				长期借款			
长期应收款				应付债券			
长期股权投资				长期应付款			
投资性房地产				预计负债			
固定资产				递延收益			
在建工程				递延所得税负债			
生产性生物资产				其他非流动负债			
油汽资产				非流动负债合计			
无形资产				负债合计			
开发支出				所有者（或股东）权益：			
商誉				实收资本（或股本）			
长期待摊费用				他权益工具			
递延所得税资产				资本公积			
其他非流动资产				其他综合收益			
非流动资产合计				盈余公积			
				未分配利润			
				所有者（股东）权益合计：			
资产总计				负债和所有者权益总计			

图 13-38　久美服饰 2021 年 3 月资产负债表

业务二：万和陶瓷 2021 年 1 至 2 月的损益类账户相关资料如图 13-39~图 13-51 所示。

总　　账

总页 | 账号 | 分页

科目：主营业务收入

21年		记账凭证		摘要	借方金额									核对号	贷方金额									借或贷	余额								
月	日	种类	号数		百	十	万	千	百	十	元	角	分		百	十	万	千	百	十	元	角	分		百	十	万	千	百	十	元	角	分
1	31	汇		汇总过入	5	5	9	4	4	0	0	0	0	√	5	5	9	4	4	0	0	0	0	平							0		
2	28	汇		汇总过入	3	9	4	5	6	8	0	0	0	√	3	9	4	5	6	8	0	0	0	平							0		

图 13-39　主营业务收入总账

总　　账

总页 | 账号 | 分页

科目：其他业务收入

21年		记账凭证		摘要	借方金额									核对号	贷方金额									借或贷	余额								
月	日	种类	号数		百	十	万	千	百	十	元	角	分		百	十	万	千	百	十	元	角	分		百	十	万	千	百	十	元	角	分
1	31	汇		汇总过入		3	1	8	6	2	0	0	0	√		3	1	8	6	2	0	0	0	平							0		
2	28	汇		汇总过入		2	0	1	2	8	0	0	0	√		2	0	1	2	8	0	0	0	平							0		

图 13-40　其他业务收入总账

总　　账

总页 | 账号 | 分页

科目：主营业务成本

21年		记账凭证		摘要	借方金额									核对号	贷方金额									借或贷	余额								
月	日	种类	号数		百	十	万	千	百	十	元	角	分		百	十	万	千	百	十	元	角	分		百	十	万	千	百	十	元	角	分
1	31	汇		汇总过入	2	8	5	5	9	5	0	0	0	√	2	8	5	5	9	5	0	0	0	平							0		
2	28	汇		汇总过入	1	9	9	5	9	3	0	0	0	√	1	9	9	5	9	3	0	0	0	平							0		

图 13-41　主营业务成本总账

总　　账

总页 | 账号 | 分页

科目：其他业务成本

21年		记账凭证		摘要	借方金额									核对号	贷方金额									借或贷	余额								
月	日	种类	号数		百	十	万	千	百	十	元	角	分		百	十	万	千	百	十	元	角	分		百	十	万	千	百	十	元	角	分
1	31	汇		汇总过入		2	1	5	0	0	0	0	0	√		2	1	5	0	0	0	0	0	平							0		
2	28	汇		汇总过入		1	4	0	0	0	0	0	0	√		1	4	0	0	0	0	0	0	平							0		

图 13-42　其他业务成本总账

总　　账

总页 | 账号 | 分页

科目：税金及附加

21年		记账凭证		摘要	借方金额									核对号	贷方金额									借或贷	余额								
月	日	种类	号数		百	十	万	千	百	十	元	角	分		百	十	万	千	百	十	元	角	分		百	十	万	千	百	十	元	角	分
1	31	汇		汇总过入		2	5	8	4	0	0	0	0	√		2	5	8	4	0	0	0	0	平							0		
2	28	汇		汇总过入		1	8	0	5	0	0	0	0	√		1	8	0	5	0	0	0	0	平							0		

图 13-43　税金及附加总账

总 账

总页 | 账号 | 分页

科 目：销售费用

21年		记账凭证		摘要	借方金额									核对号	贷方金额									借或贷	余额								
月	日	种类	号数		百	十	万	千	百	十	元	角	分		百	十	万	千	百	十	元	角	分		百	十	万	千	百	十	元	角	分
1	31	汇		汇总过入		7	3	5	0	0	0	0	0	√		7	3	5	0	0	0	0	0	平							0		
2	28	汇		汇总过入		3	9	0	0	0	0	0	0	√		3	9	0	0	0	0	0	0	平							0		

图 13-44 销售费用总账

总 账

总页 | 账号 | 分页

科 目：管理费用

21年		记账凭证		摘要	借方金额									核对号	贷方金额									借或贷	余额								
月	日	种类	号数		百	十	万	千	百	十	元	角	分		百	十	万	千	百	十	元	角	分		百	十	万	千	百	十	元	角	分
1	31	汇		汇总过入		5	2	8	4	0	0	0	0	√		5	2	8	4	0	0	0	0	平							0		
2	28	汇		汇总过入		5	2	8	4	0	0	0	0	√		5	2	8	4	0	0	0	0	平							0		

其中：1 月份研发费用 65 250 元；2 月份研发费用69 300元。

图 13-45 管理费用总账

总 账

总页 | 账号 | 分页

科 目：财务费用

21年		记账凭证		摘要	借方金额									核对号	贷方金额									借或贷	余额								
月	日	种类	号数		百	十	万	千	百	十	元	角	分		百	十	万	千	百	十	元	角	分		百	十	万	千	百	十	元	角	分
1	31	汇		汇总过入		1	8	8	0	0	0	0	0	√		1	8	8	0	0	0	0	0	平							0		
2	28	汇		汇总过入		1	8	4	0	0	0	0	0	√		1	8	4	0	0	0	0	0	平							0		

其中：1 月份利息费用138 450元，利息收入4 800元；2 月份利息费用 138 450 元，利息收入 4 950 元。

图 13-46 财务费用总账

总 账

总页 | 账号 | 分页

科 目：投资收益

21年		记账凭证		摘要	借方金额									核对号	贷方金额									借或贷	余额								
月	日	种类	号数		百	十	万	千	百	十	元	角	分		百	十	万	千	百	十	元	角	分		百	十	万	千	百	十	元	角	分
2	28	汇		汇总过入		2	0	0	0	0	0	0	0	√		2	0	0	0	0	0	0	0	平							0		

注：1 月没有发生额，2 月为投资亏损。

图 13-47 投资收益总账

总 账

总页 | 账号 | 分页

科 目：资产处置收益

21年		记账凭证		摘要	借方金额									核对号	贷方金额									借或贷	余额								
月	日	种类	号数		百	十	万	千	百	十	元	角	分		百	十	万	千	百	十	元	角	分		百	十	万	千	百	十	元	角	分
2	28	汇		汇总过入			3	4	0	0	0	0	0	√			3	4	0	0	0	0	0	平							0		

注：2 月份出售不需用固定资产，获得净收益 34 000 元。

图 13-48 资产处置收益总账

总　　账

总页	账号	
	分页	

科　目：营业外收入

21年		记账凭证		摘　要	借方金额									核对号	贷方金额									借或贷	余　　额								
月	日	种类	号数		百	十	万	千	百	十	元	角	分		百	十	万	千	百	十	元	角	分		百	十	万	千	百	十	元	角	分
2	28	汇		汇总过入			5	0	0	0	0	0	0	√			5	0	0	0	0	0	0	平							0		

注：1月没有发生额。

图 13-49　营业外收入总账

总　　账

总页	账号	
	分页	

科　目：营业外支出

21年		记账凭证		摘　要	借方金额									核对号	贷方金额									借或贷	余　　额								
月	日	种类	号数		百	十	万	千	百	十	元	角	分		百	十	万	千	百	十	元	角	分		百	十	万	千	百	十	元	角	分
1	31	汇		汇总过入			3	0	0	0	0	0	0	√			3	0	0	0	0	0	0	平							0		
2	28	汇		汇总过入			1	0	0	0	0	0	0	√			1	0	0	0	0	0	0	平							0		

图 13-50　营业外支出总账

总　　账

总页	账号	
	分页	

科　目：所得税费用

21年		记账凭证		摘　要	借方金额									核对号	贷方金额									借或贷	余　　额								
月	日	种类	号数		百	十	万	千	百	十	元	角	分		百	十	万	千	百	十	元	角	分		百	十	万	千	百	十	元	角	分
1	31	汇		汇总过入		2	8	3	0	6	7	5	0	√			3	0	0	0	0	0	0	平							0		
2	28	汇		汇总过入		1	5	3	0	3	2	5	0	√			1	0	0	0	0	0	0	平							0		

图 13-51　所得税费用总账

业务处理

1. 根据万和陶瓷 2021 年 1~2 月的损益类账户相关资料及有关资料，在图 13-52 上编制该公司 2021 年 1~2 月损益类账户累计发生额。

万和陶瓷 2021 年 1~2 月损益类账户累计发生额

账户名称	借方累计发生额	贷方累计发生额	账户名称	借方累计发生额	贷方累计发生额
主营业务收入			财务费用 其中：利息费用 利息收入		
其他业务收入					
主营业务成本					
其他业务成本			投资收益		
税金及附加			资产处置收益		
销售费用			营业外收入		
管理费用 其中：研发费用			营业外支出		
			所得税费用		

图 13-52　万和陶瓷 2021 年 1~2 月损益类账户累计发生额

2. 根据万和陶瓷 2021 年 1~2 月损益类账户累计发生额(见图 13-52)以及相关资料分析，在图 13-53 上填列该公司 2021 年 2 月份利润表。

利　润　表（简表）

会企 02 表

编制单位：晋江先海百货　　2021 年 2 月　　单位：元

项　　目	本期金额	上期金额
一、营业收入		略
减：营业成本		
税金及附加		
销售费用		
管理费用		
研发费用		
财务费用（收益以“-”号填列）		
其中：利息费用		
利息收入		
资产减值损失		
信用减值损失		
加：其他收益		
投资收益（损失以“-”号填列）		
其中：对联营企业和合营企业的投资收益		
净敞口套期收益（损失以“-”号填列）		
公允价值变动收益（损失以“-”号填列）		
资产处置收益（损失以“-”号填列）		
二、营业利润		
加：营业外收入		
减：营业外支出		
三、利润总额（亏损总额以“-”号填列）		
减：所得税费用		
四、净利润（净亏损以“-”号填列）		
㈠ 持续经营净利润（亏损总额以“-”号填列）		
五、其他综合收益的税后净额		
六、综合收益总额		
七、每股收益（普通股总股本 2000 万股）		
㈠基本每股收益		
㈡稀释每股收益		

说明：本公司没有潜在普通股，所以基本每股收益等于稀释每股收益。

图 13-53　万和陶瓷 2021 年 2 月份利润表

业务三：

资料一：著龙服饰 2021 年 8 月份银行存款日记账见图 13-54。

银行存款日记账

21年		凭证号数	摘要	借方金额									核对	贷方金额									核对	余额									核对
月	日			百	十	万	千	百	十	元	角	分		百	十	万	千	百	十	元	角	分		百	十	万	千	百	十	元	角	分	
			期初余额																						3	2	0	0	0	0	0	0	
8	2	银收 1	销售男女内裤		2	5	0	0	0	0	0	0	√												5	7	0	0	0	0	0	0	
8	3	银付 1	支付水费													1	0	0	0	0	0	0	√		5	6	0	0	0	0	0	0	
8	4	银付 2	购买生产设备												1	8	0	0	0	0	0	0	√		3	8	0	0	0	0	0	0	
8	5	银付 3	支付职工工资												1	6	0	0	0	0	0	0	√		2	2	0	0	0	0	0	0	
8	6	银付 4	从银行提取现金														5	0	0	0	0	0	√		2	1	5	0	0	0	0	0	
8	10	银收 2	销售男女泳装			8	4	0	0	0	0	0	√												2	9	9	0	0	0	0	0	
8	15	银付 5	上交本月增值税													4	0	0	0	0	0	0	√		2	5	9	0	0	0	0	0	
8	18	银收 3	从兴业银行借款		5	0	0	0	0	0	0	0	√												7	5	9	0	0	0	0	0	
8	25	银付 6	购买长期股权												3	8	0	0	0	0	0	0	√		3	7	9	0	0	0	0	0	
8	27	银付 7	付材料款												2	3	0	0	0	0	0	0	√		1	4	9	0	0	0	0	0	
8	29	银收 4	收到税收返还款			1	2	0	0	0	0	0													1	6	1	0	0	0	0	0	
8	31	银付 8	付本月通信费														8	0	0	0	0	0	√		1	5	3	0	0	0	0	0	
			本月合计		8	4	6	0	0	0	0	0		1	0	1	3	0	0	0	0	0			1	5	3	0	0	0	0	0	

图 13-54　著龙服饰 2021 年 8 月份银行存款日记账

资料二：著龙服饰 2021 年 8 月份库存现金日记账见图 13-55。

库存现金日记账

21年		凭证号数	摘要	借方金额									核对	贷方金额									核对	余额									核对
月	日			百	十	万	千	百	十	元	角	分		百	十	万	千	百	十	元	角	分		百	十	万	千	百	十	元	角	分	
			期初余额																								8	0	0	0	0	0	
8	2	现付1	预借差旅费										√				4	0	0	0	0	0					4	0	0	0	0	0	
8	6	银付4	从银行提取现金				5	0	0	0	0	0											√				9	0	0	0	0	0	
8	11	现付2	付职工困难补助										√				2	5	0	0	0	0					6	5	0	0	0	0	
8	14	现付3	购买办公用品										√					8	0	0	0	0					5	7	0	0	0	0	
8	21	现收1	售报废办公设备					4	0	0	0	0															6	1	0	0	0	0	
8	31	现付4	支付夜班餐补										√				1	0	0	0	0	0					2	6	0	0	0	0	
			本月合计				5	4	0	0	0	0					8	3	0	0	0	0					5	1	0	0	0	0	

图 13-55　著龙服饰 2021 年 8 月份现金日记账

业务处理

根据以上资料，在图 13-56 上编制著龙服饰 2021 年 8 月份的现金流量表。

现金流量表

会企 03 表

编制单位：　　　　　　　　　　　　年　　月　　　　　　　　　　　　单位：万元

项　　目	行　次	金　　额
一、经营活动产生的现金流量		
销售商品、提供劳务收到的现金		
收到的税费返还		
收到的其他与经营活动有关的现金		
现金流入小计		
购买商品、接受劳务支付的现金		
支付给职工以及为职工支付的现金		
支付的各种税费		
支付的其他与经营活动有关的现金		
现金流出小计		
经营活动产生的现金流量净额		
二、投资活动产生的现金流量		
收回投资所收到的现金		
取得投资收益所收到的现金		
处置固定资产、无形资产和其他长期资产收回现金净额		
收到其他与投资活动有关的现金		
现金流入小计		
购建固定资产、无形资产和其他长期资产所支付的现金		
投资所支付的现金		
支付其他与投资活动有关的现金		
现金流出小计		
投资活动产生的现金流量净额		
三、筹资活动产生的现金流量		
吸收投资所收到的现金		
借款所收到的现金		
收到的其他与筹资活动有关的现金		
现金流入小计		
偿还债务所支付的现金		
分配股利、利润所支付的现金		
支付的其他与筹资活动有关的现金		
现金流出小计		
筹资活动产生的现金流量净额		
四、汇率变动对现金的影响		
五、现金及现金等价物净增加额		
加：期初现金及现金等价物余额		
六、期末现金及现金等价物余额		

图 13-56　著龙服饰 2021 年 8 月份现金流量表

项目十四　综合练习

理论题

一、判断题

1. 财务会计是通过对企业已完成的资金运动进行全面系统的核算与监督，生成与企业财务状况、经营成果、现金流量有关的会计信息，提供给与企业有经济利害关系的外部使用者使用的经济管理活动。（　）

2. 不同企业发生的相同或者相似的交易事项，应当采用一致的会计政策，确保会计信息口径一致，相互可比。（　）

3. 货币资金就是企业的货币性资产。（　）

4. 企业可从现金收入中直接支付现金，收入不够支付部分，才从银行提取。（　）

5. 企业账户不得代其他单位或个人存取现金，企业不得外借或出租银行账户。（　）

6. 商业折扣对应收账款的入账价值没影响，交易双方均无须在账面上反映。（　）

7. 备用金是企业为内部各单位或个人准备的货币资金，以满足这些部门或个人日常零星开支或出差等业务的需要，备用金分为一次报销制和定额备用制。（　）

8. 账面盘存制可能使存货由各种差错引起的短少以及非正常损失全部挤入销售或耗用的成本中，从而掩盖了存货管理中存在的问题。（　）

9. 投资者投入小企业的存货，应按合同或协议约定的价值作为实际成本，但合同或协议约定的价值不公允的除外。（　）

10. 资产负债表日，企业存货应当按照成本与可变现净值孰高计量。（　）

11. 如果固定资产计提了减值准备，应在扣除了减值准备后再计提取折旧。（　）

12. 固定资产大修理支出一律资本化处理，中小修理支出直接计入当期损益。（　）

13. 一个管理规范的企业，很少会发生固定资产的盘盈或盘亏。（　）

14. 进入中国特色社会主义的新时代，大众创业，万众创新，无形资产对于企业的可持续发展具有重要作用。（　）

15. 某项无形资产超过法律保护期限，因保有部分使用价值，也不提减值准备。（　）

16. 开办费是企业自批准筹建之日起，至开始生产、经营（不含试生产、试营业）之日止（即筹建期间）发生的各项费用。（　）

17. 当流动负债产生时，一般按未来应付金额（或面值）来计量流动负债。（　）

18. 资源税是国家对我国境内从事原油、天然气、煤炭、金属矿产品和其他矿产品开发以及生产盐的单位和个人征收的一种税。（　　）

19. 企业出售无形资产，其应纳的城建税和教育费附加，在结转资产时应当直接扣减。（　　）

20. 我国现行会计制度规定，非流动负债应当以未来应付金额入账。（　　）

21. 补偿贸易是指企业从供货方引进生产设备，以使用该设备生产的产品偿还供货方的设备款。（　　）

22. 有限责任公司的注册资本为在公司登记机关登记的全体股东认缴的出资额。（　　）

23. 资本公积金如果是由某一投资者带来的，则由某一投资者独享。（　　）

24.《企业会计准则》规定：车间设备修理费应计入制造费用。（　　）

25. 期间费用是不能直接归属于某个特定产品成本的费用，但容易确定其发生期间，可从当期损益中直接扣除。（　　）

26. 在实际工作中，多数企业采用表结法核算利润。（　　）

27. 企业可供分配利润=当年税后净利+以前年度累积的未分配利润（或-尚未弥补的历年累积亏损）-当年提取的法定盈余公积金。（　　）

28. 企业提取坏账准备时，应当借记“资产减值损失”账户。（　　）

29. 资产负债表本年度某些项目的名称和内容与上年度不一致，应按上年度规定调整本年度资产负债表中该项目的名称和金额。（　　）

30. 将一笔制造费用记成管理费用，如果当年生产的产品全部完工并全部销售完毕，则这一错误不影响本年利润数额。（　　）

31. 现金流量表是以现金为基础所编制的现金来源和运用的财务报表。（　　）

32.“利润分配——未分配利润”期末余额在借方，表示已分配利润的数额。（　　）

33. 采用先进先出法，库存材料成本与市场价格更接近。（　　）

34. 在某些情况下，企业取得某项资源的实际成本很小甚至没有发生成本，但是如果其公允价值能够可靠计量的话，也被认为符合了资产可计量性的确认条件。（　　）

35. 采用账面盘存制的企业，财产物资不需要实地盘点。（　　）

36. 非流动负债主要为了满足购建固定资产、改扩建工程、扩大生产经营规模等长期资金需求，非流动负债具有偿还期长、偿还金额大、收益高但风险也大的特点。（　　）

37. 编制资产负债表的理论依据是“资产=负债+所有者权益”这一会计等式。（　　）

38. 现金流量表的编制方法中，直接法一般以利润表中的营业收入为起算点。（　　）

39. 所有者权益是指所有者在企业资产中享有的经济利益，其金额表现为企业资产总额减去负债总额后的余额即企业的净资产。（　　）

40. 企业综合收益总额等于企业利润总额加其他综合收益。（　　）

二、单项选择题

1.（　　）侧重于从财务会计报告中了解企业的获利能力和偿债能力，作为判断债权是否安全、是否要提前收回贷款、是否继续贷款以及是否调整贷款额度的参考。

A. 投资人　B. 债权人　C. 债务人　D. 企业董事及监事

2. 会计部门规章包括(　　)。

A.《财政部门实施会计监督办法》　B.《总会计师条例》

C.《中华人民共和国会计法》　D.《企业财务会计报告条例》

3. 多数情况下交易或事项的经济实质和法律形式(　　)。

A. 是一致的，但也有不一致的时候，这时就应当以经济实质进行确认、计量和报告。

B. 是不一致的，这时就应当以经济实质进行确认、计量和报告。

C. 是一致的，但也有不一致的时候，这时就应当以法律形式进行确认、计量和报告。

D. 是不一致的，这时就应当以经济实质进行确认、计量和报告。

4. 一般纳税人大发公司购进 A 材料 1 000 千克，总价 10 000 元，增值税 1 300 元，运费 890 元(普通发票)，运输途中合理损耗 10 千克，则 A 材料的单位采购成本为(　　)。

A. 10 元　B. 10.89 元　C. 11 元　D. 12.49 元

5. 小企业日常收付中发生的现金正常短少及未查明原因的现金盘亏均计入(　　)。

A. 管理费用　B. 营业外支出　C. 其他应收款　D. 其他应付款

6. 谎报用途套取现金，应按套取金额的(　　)进行处罚。

A. 10%~20%　B. 20%~30%　C. 30%~40%　D. 30%~50%

7. 小规模纳税人灵发公司购入 B 材料一批，总价 50 000 元，增值税 6 500 元，对方代垫运费 1 000 元，入库后挑选整理费 500 元，则本次 B 材料入账总额是(　　)。

A. 51 000 元　B. 51 500 元　C. 57 500 元　D. 58 000 元

8. 意外事故、自然灾害造成的存货盘亏，下列处理正确的是(　　)。

A. 财务上作为正常损失，列管理费用；税务上作为正常损失，进项税额不转出

B. 财务上作为非常损失，列营业外支出；税务上作为正常损失，进项税额不转出

C. 财务上作为非常损失，列营业外支出；税务上作为非正常损失，进项税额要转出

D. 财务上作为正常损失，列管理费用；税务上作为非正常损失，进项税额要转出

9. 其他货币资金不包括(　　)。

A. 银行本票存款　B. 银行汇票存款　C. 商业汇票　D. 在途资金

10. 贴现是指企业将未到期的票据转让给商业银行，银行将(　　)支付给企业。

A. 票据面值　B. 票据到期值

C. 票据到期值-贴现息　D. 票据面值-票面利息

11. 企业存货存在(　　)情况时，应当将存货的账面价值全部确认为跌价准备。

A. 各种原因造成存货市价持续下跌，在可预见的未来没有回升可能

B. 使用该存货制造商品，商品的售价低于商品的生产成本

C. 现有存货不能满足新产品的生产需求，其市场销售价又低于其账面价值

D. 虽没过期，但该存货已没有使用价值和转让价值

12. 小企业盘盈固定资产，在有关部门或负责人批准处理之前，应先(　　)账户。

A. 借记“以前年度损益调整”

B. 借记“待处理财产损溢——待处理固定资产损溢”

C. 贷记“以前年度损益调整”

D. 贷记“待处理财产损溢——待处理固定资产损溢”

13. 关于无形资产的摊销，表述错误的有(　　)。

A. 无形资产应自取得的次月起进行摊销，但需要摊销的仅是使用寿命有限的那部分

B. 使用寿命不确定的无形资产不应摊销，但至少应在每年年末进行减值测试

C. 无形资产应摊销金额是其成本扣除预计残值和已经提取的减值准备后的金额

D. 无形资产一般采用直线法进行摊销

14. 企业在租赁开始日(　　)借记“固定资产——融资租赁固定资产”或“在建工程”

A. 比较融资租赁固定资产公允价值与最低租赁付款额的现值，取较低者作为入账价值

B. 比较融资租赁固定资产公允价值与最低租赁付款额的现值，取较高者作为入账价值

C. 比较融资租赁固定资产公允价值与最低租赁付款额的终值，取较低者作为入账价值

D. 比较融资租赁固定资产公允价值与最低租赁付款额的终值，取较高者作为入账价值

15. 七彩印染厂 2021 年 12 月 29 日，转账购入一批非转基因大豆油作为元旦福利发放给全体职工，商品购买价 50 000 元，增值税进项 6 500 元，应借记(　　)元。

A. 营业外支出 50 000　　B. 应付职工薪酬——非货币性福利 50 000

C. 营业外支出 56 500　　D. 应付职工薪酬——非货币性福利 56 500

16. 制造业的生产成本不包含下列项目(　　)。

A. 直接材料　　B. 直接人工　　C. 制造费用　　D. 产品销售成本

17. 下列项目，可以确认为企业存货的是(　　)。

A. 服装厂的办公人员坐的小车　　B. 车行待售的车

C. 商场运货的小车　　D. 计算机企业办公人员使用的计算机

18. 小企业无形资产取得业务、出租业务、出售业务、报废业务、对外投资业务等的账务处理均不涉及(　　)账户。

A. 无形资产　　B. 累计摊销

C. 无形资产减值准备　　D. 银行存款

19. 企业支付车辆购置税时，应借记(　　)。

A. 税金及附加　　B. 固定资产　　C. 管理费用　　D. 应交税费

20. 企业结转出售固定资产净收益，应贷记(　　)账户。

A. 固定资产清理　　B. 资产处置收益　　C. 营业外收入　　D. 固定资产

21. 小企业的长期待摊费用不包括(　　)。

A. 开办费　　B. 租入固定资产改良支出

C. 固定资产大修理支出　　D. 股票发行费用

22. 当企业法人实有资本比原有注册资金数额增减超过(　　)时，应持资金使用证明或验资证明，向原登记机关申请变更登记。

A. 百分之二十　　B. 百分之三十　　C. 百分之四十　　D. 百分之五十

23. 自用房产(或房产存货)转为公允价值模式计量的投资性房产，公允价值若小于账

面价值，其差额则(　　)账户。

A. 借记“公允价值变动损益”　　B. 借记“资本公积 —— 其他资本公积”

C. 贷记“公允价值变动损益”　　D. 贷记“资本公积 —— 其他资本公积”

24. (　　)是依据《公司法》的规定提取的。

A. 企业发展基金　B. 职工奖励基金　C. 法定盈余公积金　D. 任意盈余公积金

25. 下列表述正确的是：当企业所得税费用(　　)。

A. 分月结转时，本年利润既可采用账结法也可采用表结法

B. 分月结转时，本年利润只能采用表结法

C. 年末一次结转时，本年利润只能采用账结法

D. 年末一次结转时，本年利润既可采用账结法也可采用表结法

26. (　　)是反映企业管理水平的一项综合性指标。

A. 资产　B. 负债　C. 所有者权益　D. 利润

27. 暂时性差异项目有企业的(　　)。

A. 非广告性赞助支出　　B. 工资中超过支出标准部分

C. 购买国债利息收入　　D. 累计折旧

28. 某一暂时性差异造成在一个较长的时间范围内，企业所得税前期少交后期多交，则按会计利润求出的所得税费用和按应纳税所得额求出的应交所得税之差应确认为(　　)。

A. 递延所得税资产　B. 递延所得税负债　C. 长期待摊费用　D. 营业外支出

29. 转入“本年利润”前，可能是借方余额，也可能是贷方余额的有(　　)。

A. 营业外收入　B. 营业外支出　C. 资产减值损失　D. 公允价值变动损失

30. 企业利润分配包括①应付优先股股利②应付普通股股利③提取任意盈余公积金④提取法定盈余公积金等，则分配的先后顺应是(　　)。

A. ①→②→③→④　B. ④→①→③→②　C. ①→②→④→③　D. ④→①→②→③

31. 反映企业某一特定日期的财务状况的报表是(　　)。

A. 资产负债表　B. 现金流量表　C. 利润表　D. 股东权益变动表

32.《现金流量表》中的现金是指(　　)。

A. 库存现金　B. 银行存款　C. 货币资金　D. 现金和现金等价物

33. 资产负债表中，下列项目，不是根据总账账户期末贷方余额直接填列的有(　　)。

A. 应付票据　B. 实收资本　C. 短期借款　D. 应付账款

34. 资产负债表中的“固定资产”项目根据“固定资产”账户(　　)填列。

A. 期末余额直接

B. 本期发生额分析计算

C. 期末余额-“累计折旧”账户期末余额

D. 期末余额-“累计折旧”账户期末余额-“固定资产减值准备”账户期末余额

35. 某企业某期各账户余额如下：材料采购 100 万元，原材料 200 万元、库存商品 300 万元、生产成本 50 万元、委托加工物资 80 万元、代管物资 20 万元、存货跌价准备 80 万元、材料成本差异 50 万(贷)元，则该企业同期资产负债表上本期金额栏，存货应填(　　)。

A. 620 万元　　B. 600 万元　　C. 780 万元　　D. 760 万元

36. 某企业某期有关账户余额如下：应付账款 100 万元、应付债券 200 万元、长期应付款 300 万(其中一年内到期 100 万)元、长期借款 400 万(其中一年内到期 200 万)元，其他非流动负债，则该企业同期资产负债表上"非流动负债合计"应填(　　)。

A. 1 000 万元　　B. 900 万元　　C. 600 万元　　D. 700 万元

37. 企业根据收付实现制编制的报表是(　　)。

A. 资产负债表　　B. 所有者权益变动表　　C. 现金流量表　　D. 管理费用明细表

38. 本年利润贷方余额 200(结平前)万元，利润分配借方余额 150 万元，则本期资产负债表未分配利润应填写(　　)。

A. 150 万元　　B. 200 万元　　C. 350 万元　　D. 50 万

39. 下列(　　)属于投资活动所产生的现金流量。

A. 销售商品、提供劳务收到的现金

B. 收到税收返还款

C. 支付职工薪酬以及为职工支付的现金

D. 处置固定资产、无形资产和其他长期资产收回现金净额

40. 自 2018 年 5 月 1 日起，只要应征增值税的年营业额低于(　　)，无论是哪一种类型的企业，均可登记成为小规模纳税人。

A. 100 万元　　B. 200 万元　　C. 300 万元　　D. 500 万元

三、多项选择题

1. (　　)和相关性均属于会计信息的首要质量要求。

A. 可靠性　　B. 可比性　　C. 可理解性　　D. 谨慎性

2. 非出纳人员不得经管(　　)业务。

A. 库存现金的收、付及保管　　B. 银行存款

C. 稽核　　D. 债权债务账目的登记

3. 支票的绝对记载事项包括(　　)。

A. 出票日期　　B. 出票地　　C. 出票人签章　　D. 支票的用途

4. 存货是企业重要的流动资产，和企业其他类型资产相比，有(　　)特点。

A. 持有存货的目的是为了出售或耗用

B. 相对长期资产，存货有较强的流动性

C. 相对无形资产，存货具有实物形态

D. 存货变现能力不如货币资产，并有发生损失的可能

5. 用于储存和保管存货而不对外出售的包装物，应按其使用年限的长短和价值的大小分别在(　　)账户进行核算。

A. 库存商品　　B. 固定资产

C. 原材料　　D. 周转材料——低值易耗品

6. 企业采用 (　　)方法提取固定资产折旧，符合会计信息质量的谨慎性要求。

A. 平均年限法　B. 工作量法　C. 双倍余额递减法　D. 年数总和法

7. 无形资产包括(　　)等。

A. 商誉　B. 非专利技术　C. 著作权　D. 土地使用权

8. 流动负债是指单位在一年以内(包含一年)或超过一年的一个营业周期以内必须偿还的债务，主要有(　　)等。

A. 短期借款　B. 应付债券　C. 应付账款　D. 应付票据

9. 一般纳税人应当在“应交税费”账户下设置(　　)二级账户。

A. 应交增值税　B. 未交增值税　C. 已交增值税　D. 多交增值税

10. 收入是企业在(　　)等日常活动中形成的会增加所有者权益，但与所有者投入资产无关的经济利益的总流入。

A. 销售商品　B. 提供劳务　C. 让渡资产使用权　D. 让渡资产所有权

11. 城市维护建设税和教育费附加是以企业实际缴纳的(　　)为计税依据。

A. 房产税　B. 消费税　C. 增值税　D. 城镇土地使用税

12. 费用按经济内容可分为(　　)等。

A. 职工薪酬　B. 利息支出　C. 生产成本　D. 期间费用

13. 财务费用包括企业借款利息和(　　)等。

A. 企业现金折扣

B. 企业商业折扣

C. 企业汇兑损益

D. 企业通过金融机构支付结算及使用信用卡的手续费

14. 企业的(　　)都可以通过利润表现出来。

A. 商誉　B. 经营能力　C. 费用控制水平　D. 资金使用效益

15. 在利润核算前应做好的工作包括(　　)。

A. 账证核对　B. 账账核对　C. 账实核对　D. 账表核对

16. 利润是企业在一定会计期间的经营成果，包括(　　)。

A. 收入减去费用后的净额　B. 直接计入当期损益的利得和损失

C. 直接计入所有者权益的利得和损失　D. 应收股利减去应付股利后的余额

17. 企业会计利润与企业应纳税所得额之间的差异，如果(　　)就称为永久性差异。

A. 不会随着时间的推移而自动消失　B. 会随着时间的推移而自动消失

C. 不会随着时间的推移而自动转回　D. 会随着时间的推移而自动转回

18. 利润表中的“营业收入”根据(　　)填列。

A. 主营业务收入　B. 其他业务收入　C. 营业外收入　D. 投资收益

19. 企业所有者权益一般由(　　)构成。

A. 投资者投入资本　B. 资本公积　C. 其他综合收益　D. 留存收益

20. 资产负债表中“其他应付款”项目，应根据(　　)账户的期末余额计算填列。

A. 其他应付款　B. 应付利息　C. 应付股利　D. 其他应收款

21. 资产负债表中“固定资产”项目，应根据(　　)账户的期末余额分析、计算填列。

A. 固定资产　　B. 累计折旧　　C. 固定资产清理　　D. 固定资产减值准备

22. 现金流量表中的现金流量包括企业(　　)所产生的现金流量。

A. 经营活动　　B. 投资活动　　C. 筹资活动　　D. 所有活动

23. 财务会计报告的目标是(　　)。

A. 向财务报告使用者提供与企业财务状况、经营成果和现金流量等有关的会计信息

B. 向财务报告使用者提供与企业生产成本、经营管理和长远规划等有关的会计信息

C. 满足财务报告使用者所有的会计信息需求，帮助其做出正确的经济决策

D. 反映管理层受托责任履行情况，有助于财务会计报告使用者做出经济决策。

业务题

业务一：著成服饰 2021 年 12 月下旬有关银行存款的业务如下：(以文字形式展现)

提示：本公司至 12 月 20 日止，银行收款凭证编到 13 号，银行付款凭证编到 10 号，请按时间顺序继续给本月下旬的银行收款凭证、银行付款凭证编号。

(1) 本公司上月向太和公司支付采购定金 3 万元，本月 21 日，太和公司因无法按时交付材料，承担全部违约责任，以信汇方式双倍归还本公司上月所付定金。

提示：信汇凭证号为 927013。

(2) 本月 23 日，企业以融资租赁方式进口一台生产用设备，购买价折算成人民币 80 万元，款项拟在二年内分四次支付，首次支付时间定在明年 3 月 23 日；海关征收进口关税人民币 20 万元，代征增值税人民币 13 万元，企业财务已将税款电汇至海关提供的账户。

提示：电汇凭证号为 935401。

(3) 本月 25 日，为拓展销售市场，企业招待各地销售商，以转账支票支付餐费 3 000 元。

提示：转账支票号为 001988。

(4) 本月 28 日，开出现金支票，从银行提取现金 1 000 元，以备零星之需。

提示：现金支票号为 182956。

(5) 本月 31 日，收到本地客户本本商城开来的转账支票，归还所欠货款 18 720 元。

提示：转账支票号为 002175。

(6) 本月 31 日，出纳开出现金支票，支付明年书报杂志费 3 600 元。

提示：现金支票号为 187477。

业务处理

(一) 编制记账凭证(以会计分录代替)

1. 根据业务(1)编制“银行收款凭证 14 号”(简称银收 14)：

2. 根据业务(2)编制“银行付款凭证 11 号”(简称银付 11)：

3. 根据业务(3)编制“银行付款凭证 12 号”(简称银付 12)：

4. 根据业务(4)编制“银行付款凭证 13 号”(简称银付 13)：

5. 根据业务(5)编制“银行收款凭证 15 号”(简称银收 15)：

6. 根据业务(6)编制“银行付款凭证 14 号”(简称银付 14)：

(二) 根据 1~6 的银行收、付款凭证，在图 14-1 上登记银行存款日记账。

银行存款日记账

年		凭证	结算	摘要	借方金额									核	贷方金额									核	结存									核
月	日	号数	方式		百	十	万	千	百	十	元	角	分	对	百	十	万	千	百	十	元	角	分	对	百	十	万	千	百	十	元	角	分	对

图 14-1　银行存款日记账

（三）确认银行存款日记账登记无误后，与银行对账单(见图 14-2)核对，寻找未达账项。

银行存款对账单

21年		结算凭证号码	摘　要	借方金额									贷方金额									余　额								
月	日			百	十	万	千	百	十	元	角	分	百	十	万	千	百	十	元	角	分	百	十	万	千	百	十	元	角	分
12	20	略	略																			1	0	0	5	0	8	0	0	0
12	21	信汇凭证 927013	还双倍定金												6	0	0	0	0	0	0	1	0	6	5	0	8	0	0	0
12	22	电汇凭证 935401	付关税增值税		3	3	0	0	0	0	0	0											7	3	5	0	8	0	0	0
12	25	转账支票 001988	付招待餐费				3	0	0	0	0	0											7	3	2	0	8	0	0	0
12	28	现金支票 182956	提取现金				1	0	0	0	0	0											7	3	1	0	8	0	0	0
12	31	委托收款 500513	支付水费				1	1	0	0	0	0											7	2	9	9	8	0	0	0
12	31	电汇凭证 715906	预收货款												4	0	0	0	0	0	0		7	6	9	9	8	0	0	0

中国工商银行晋江支行金井营业部 2019 年 12 月 31 日

图 14-2　银行对账单

企业未达账项有：

银行未达账项有：

（四）在图 14-3 上编制银行存款余额调节表：

银行存款余额调节表

银行账号：———　　　　2021 年 12 月 31 日　　　　币种：人民币

银行对账单	金　额									银行存款日记账	金　额								
	百	十	万	千	百	十	元	角	分		百	十	万	千	百	十	元	角	分
调节前的余额										调节前的余额									
加：企业已收、银行未收的金额										加：银行已收、企业未收的金额									
减：企业已付、银行未付的金额										减：银行已付、企业未付的金额									
调节后的余额										调节后的余额									

会 计： 杨佳兴　　　　**出 纳：** 黄洋洋

图 14-3

业务二：2021 年 9 月 10 日，苏喜服饰销售新款连衣裙 240 件给本本商城，每件不含税售价 50. 00 元，价款 12 000 元，增值税进项税额 1 560 元。本本商城前来取货时，收到其签发的为期 4 个月的带息商业承兑汇票一张，面值 13 560 元，票面年利率为 10% 。(有关单据略)

业务处理

1. 收到商业汇票妥善保管，并在应收票据备查账上登记。(略)

2. 编制收到票据的记账凭证(用会计分录代替)：

3. 票据满 2 个月时即 11 月 10 日，公司因流动资金紧张，将票据提供银行贴现，银行贴现年利率为 6%。

(1) 计算票据到期值：

(2) 计算票据贴现息：

(3) 计算票据贴现时实收金额：

(4) 编制贴现的记账凭证(用会计分录代替)：

4. 汇票到期，对方按时支付面额及票面利息：

业务三：1. 2021 年华立公司资产负债表日，持有 6 英寸 5G 智能手机 10 000 台，其中 6 000 台已订有销售合同，每台合同价 3800 元，市场销售价 3 880 元，销售一台 6 英寸 5G 智能手机的销售费用及税金合计 30 元，请计算 2020 年资产负债表日，华立公司 10 000 台 6 英寸 5G 智能手机的可变现净值。

业务处理

(1) 签订销售合同的 6 000 台 6 英寸 5G 智能手机的可变现净值=

（2）未签销售合同的 4 000 台 6 英寸 5G 智能手机的可变现净值=

（3）全部 10 000 台 6 英寸 5G 智能手机的可变现净值=

2. 2021 年 12 月 31 日，九寨女装股份有限公司存货的实际成本低于可变现净值，并且估计短期内没有回升的可能。公司决定提取跌价准备，有关原始凭证如图 14-4 所示。

存货减值准备提取表

2021 年 12 月 31 日

名称规格	计量单位	数量①	可变现单价②	预计费费用和税金③	可变现净值④=①×②-③	实际成本⑤	应提存货减值准备⑥=④-⑤	审　　批
里布	码	6 000	4.50	500	26 500	28 000		财务经理：
拉链	米	5 000	2.40	300	12 700	15 000		同意 许才
…	…	…	…	…	…	…	…	单位负责人：在白印九
合计				3500	183 900	198 500	−14 600	同意

审核：留飞燕　　　　制表：白闽纳

图 14-4　存货减值准备提取表

业务处理

（1）在存货减值提取表中（即图 14-4）填上里布、拉链应提取的减值准备金额。

（2）根据图 14-4（假设已审核无误）的合计金额编制提取减值准备的会计分录：

（3）已提跌价准备的里布 6 000 码于 2021 年 1 月 30 日全部出售，请根据图 14-4 的资料，编制结转已售里布成本和冲减里布已提跌价准备的会计分录。

结转已销里布成本：

冲减已提的存货跌价准备：

（4）2022 年 12 月 31 日，已提跌价准备的拉链，每米涨至 4 元，请根据图 14-4 的资料，编制转回拉链已提跌价准备的会计分录：

业务四：2021 年康康鞋业将一条不需要使用的制鞋生产线经营出租给小企业天天鞋业，租期 2 年。该生产线原值 18 万，预计可使用 5 年，已用 2 年。

业务处理

1. 将不需用的制线生产线转为经营出租用生产线，编制记账凭证（以会计分录代替）：

2. 按月提取折旧 3 000 元：

3. 每月开出增值税专用发票，并通过银行收取租金 4 000 元、增值税 520 元：

4. 租赁期 1 年，期满，收回出租设备：

业务五：九星集团 2021 年 10 月份与增值税有关的经济业务如下，请编制相应的记账凭证，并在图 14-5 上登记该企业 2021 年 10 月份的“应交税费——应交增值税明细账”。

业务处理

1. 九星集团 10 月 8 日购进 B 材料 300 万元，增值税专用发票（略）上注明税款 39 万元，材料已验收入库（入库单略），款项也转账付讫，请编制相应的记账凭证：

2. 九星集团 10 月 12 日，发现有 20 000 元的 B 材料霉变，主要原因是管理人员在台风天忘记关窗造成的，属于管理不善。该材料对应的增值税进项税额为 2 600 元，请进行批准前的账务处理：

3. 九星集团 10 月 25 日销售产品 600 万元，增值税专用发票（略）上注明的增值税款 78 万元，商品已发出，价税款也转账收讫，请编制相应的记账凭证：

4. 九星集团 10 月 28 将一批外购 B 材料用于职工福利，该批材料不含税采购成本 5 万元，增值税率 13%，请根据有关单据（略）进行账务处理：

5. 九星集团 10 月 30 日转账支付本月应交增值税 500 000 元（单据略），请编制记账凭证：

6. 九星集团 10 月 31 日计算本月应结转的增值税，请编制结转增值税的记账凭证：

应交税费—应交增值税

单位：元

日期		凭证〈略〉	摘要	借方					贷方					借或贷	余额
				合计	进项税额	已交税金	出口抵销内销产品应纳税额	转出未交增值税	合计	销项税额	出口退税	进项税额转出	转出多交增值税		
9	…	…	…	…	…	…	…	…	…	…	…	…	…	平	0
9	30		本月合计	677 300	261 300	400 000		16 000	677 300	676 000		1 300		平	0
		略													
		略													
		略													
		略													
		略													
		略													

图 14-5　应交增值税明细账

业务六：长天公司 2021 年 12 月资产、负债、所有者权益账户年末余额如图 14-6、图 14-7 所示。

科目名称	借方余额	科目名称	贷方余额
库存现金	8 000	短期借款	400 000
银行存款	930 000	应付票据	235 000
预付账款	55 000	应付职工薪酬	30 000
应收账款	500 000	应交税费	15 000
应收票据	200 000	应付账款	150 000
其他应收款	5 000	预收账款	220 000
在途物资	130 000	累计折旧	600 000
原材料	280 000	固定资产清理	50 000
库存商品	400 000	累计摊销	250 000
周转材料	170 000	坏账准备	60 000
生产成本	90 000	长期应付款	340 000
长期股权投资	600 000	长期借款	1 500 000
固定资产	2 500 000	实收资本	3 000 000
在建工程	912 000	资本公积	120 000
无形资产	510 000	盈余公积	300 000
本年利润	180 000	利润分配	200 000
合计	7 470 000	合计	7 470 000

说明：资产负债表是企业主要报表，根据账簿余额填列。但是在实际工作中，特别是手工记账，如果直接将账簿余额搬到资产负债表上，比较容易出错，所以一般先编制资产负债表有关账户期末余额表，然后再根据余额表编制资产负债表。

图 14-6　长天公司 2021 年 10 月份资产负债表账户总账余额表

总账名称	明细账名称	余 额(方向)	总账名称	明细账名称	余 额(方向)
预付账款	A	50 000(借)	应付账款	甲	100 000(贷)
	B	12 000(借)		乙	80 000(贷)
	C	7 000(贷)		丙	30 000(借)

图 14-7　长天公司 2021 年末部分账户的明细账余额

资料：长期应付款中一年内(含)应支付的款项有 150 000 元。

请根据图 14-6、图 14-7 及相关资料在图 14-8 上编制长天公司 2021 年的资产负债表。

资 产 负 债 表

年　月　日

会企 01 表

编制单位：　　　　单位：元

资　　产	行次	年初数	年末数	负债及所有者权益	行次	年初数	年末数
流动资产：				流动负债：			
货币资金				短期借款			
以公允价值计量且变动计入当期损益的金融资产				以公允价值计量且变动计入当期损益的金融负债			
衍生金融资产				衍生金融负债			
应收票据				应付票据			
应收账款				应付账款			
预付账款				预收账款			
其他应收款				应付职工薪酬			
存货				应交税费			
持有待售资产				其他应付款			
一年内到期非流动资产				持有待售负债			
其他流动资产				一年内到期非流动负债			
流动资产合计				其他流动负债			
非流动资产：				流动负债合计			
可供出售金融资产		略		非流动负债：		略	
持有至到期投资				长期借款			
长期应收款				应付债券			
长期股权投资				长期应付款			
投资性房地产				预计负债			
固定资产				递延收益			
在建工程				递延所得税负债			
生产性生物资产				其他非流动负债			
油汽资产				非流动负债合计			
无形资产				负债合计			
开发支出				所有者（或股东）权益:			
商誉				实收资本（或股本）			
长期待摊费用				他权益工具			
递延所得税资产				资本公积			
其他非流动资产				其他综合收益			
非流动资产合计				盈余公积			
				未分配利润			
				所有者（股东）权益合计:			
资产总计				负债和所有者权益总计			

图 14-8　资产负债表

附：习题答案

项目一　财务会计总论

理论题答案

一、判断题

1. ×　2. ×　3. ×　4. √　5. √　6. √　7. ×　8. √　9. ×　10. √

二、单项选择题

1. C　2. A　3. A　4. D　5. A　6. C　7. A　8. A　9. A　10. D

三、多项选择题

1. BC　2. AD　3. BCD　4. ABC　5. ABC

业务题答案

红华公司的部分经济事项，写出相关的会计科目(生产皮鞋，原料为皮革)

01. 应收票据
02. 库存商品
03. 无形资产
04. 应收账款
05. 预付账款
06. 库存现金
07. 营业外支出
08. 其他应收款
09. 主营业务收入
10. 短期借款
11. 长期待摊费用
12. 营业外收入
13. 长期股权投资
14. 其他业务收入
15. 应付账款
16. 长期借款
17. 其他业务收入
18. 应交税费
19. 应付职工薪酬
20. 制造费用
21. 资本公积
22. 管理费用
23. 财务费用
24. 本年利润
25. 应付票据
26. 利润分配
27. 实收资本
28. 银行存款
29. 应交税费
30. 财务费用
31. 营业外收入
32. 销售费用
33. 待处理财产损溢
34. 固定资产
35. 无形资产
36. 所得税费用
37. 预收账款
38. 生产成本
39. 周转材料(包装物)
40. 原材料
41. 预付账款
42. 应付利润(或股利)
43. 主营业务成本
44. 财务费用
45. 盈余公积
46. 税金及附加

项目二 货币资金

理论题答案

一、判断题

1. √ 2. × 3. × 4. √ 5. × 6. √ 7. × 8. × 9. × 10. √

二、单项选择题

1. B 2. A 3. B 4. C 5. B 6. C 7. C 8. A 9. C 10. C

三、多项选择题

1. BC 2. AC 3. ABCD 4. CD 5. ABC 6. ABCD

业务题答案

(一) 著成服饰有限公司 2021 年 5 月 1 日的现金业务

1. 按现金管理规定审核原始凭证的真实性、合法性、准确性、完整性。(略)

2. 根据审核无误的单据编记账凭证(业务一、二、三分别编在图 2-5、图 2-6、图 2-7 上)。

通 用 记 账 凭 证

2021 年 5 月 1 日 记第 号

摘 要	会计科目		过账	借方金额									贷方金额								
	总 账	明细账		百	十	万	千	百	十	元	角	分	百	十	万	千	百	十	元	角	分
提现备用	库存现金						2	0	0	0	0	0									
	银行存款															2	0	0	0	0	0
附件 2 张	合 计					￥	2	0	0	0	0	0			￥	2	0	0	0	0	0

会计主管杨佳兴 记账 出纳黄洋洋 审核杨佳兴 制单

图 2-5

通 用 记 账 凭 证

2021 年 5 月 1 日 记第 号

摘 要	会计科目		过账	借方金额									贷方金额								
	总 账	明细账		百	十	万	千	百	十	元	角	分	百	十	万	千	百	十	元	角	分
预借差旅费	其他应收款	才向前					1	5	0	0	0	0									
	库存现金															1	5	0	0	0	0
附件 1 张	合 计					￥	1	5	0	0	0	0			￥	1	5	0	0	0	0

会计主管杨佳兴 记账 出纳黄洋洋 审核杨佳兴 制单

图 2-6

通用记账凭证

2021年5月1日　　　　记第　号

摘要	会计科目		过账	借方金额									贷方金额								
	总账	明细账		百	十	万	千	百	十	元	角	分	百	十	万	千	百	十	元	角	分
车间购润滑油	制造费用								5	6	2	5									
	库存现金																	5	6	2	5
附件1张	合计							¥	5	6	2	5					¥	5	6	2	5

会计主管 杨佳兴　　记账　　出纳 黄洋洋　　审核 杨佳兴　　制单

图 2-7

3. 根据审核无误的记账凭证或单据，登记“库存现金日记账”。

库存现金日记账

21年		凭证号数	票据号数	摘要	借方金额									核对	贷方金额									核对	余额									核对
月	日				百	十	万	千	百	十	元	角	分		百	十	万	千	百	十	元	角	分		百	十	万	千	百	十	元	角	分	
4	30			本月合计			5	1	0	8	8	0	0				5	1	0	3	7	0	0						2	0	9	0	0	✓
5	1	略	支100789	提现备用				2	0	0	0	0	0															2	2	0	9	0	0	
5	1	略		预借差旅费														1	5	0	0	0	0						7	0	9	0	0	
5	1	略		购润滑油																5	6	2	5						6	5	2	7	5	
				本日合计				**2**	**0**	**0**	**0**	**0**	**0**					**1**	**5**	**5**	**6**	**2**	**5**						**6**	**5**	**2**	**7**	**5**	

图 2-8

(二) 著成服饰有限公司2021年3月31日的现金业务(答案)

业务一

借：库存现金　　9.09
　贷：待处理财产损溢——待处理流动资产净损溢　　9.09

业务二

借：待处理财产损溢——待处理流动资产净损溢　　9.09
　贷：营业外收入　　9.09

(三) 著成服饰有限公司2021年6月30日的银行存款清查业务(答案)

银行存款余额调节表

银行账号：———　　2021年6月30日　　币种：人民币

银行对账单	金额									银行存款日记账	金额								
	百	十	万	千	百	十	元	角	分		百	十	万	千	百	十	元	角	分
调节前的余额		4	7	6	4	8	5	0	0	调节前的余额		4	2	5	9	1	0	0	0
加：企业已收、银行未收的金额			5	2	6	5	0	0	0	加：银行已收、企业未收的金额			2	6	3	2	5	0	0
				2	5	0	0	0	0				5	0	0	0	0	0	0
减：企业已付、银行未付的金额			3	0	0	0	0	0	0	减：银行已付、企业未付的金额					6	0	0	0	0
调节后的余额		5	0	1	6	3	5	0	0	调节后的余额		5	0	1	6	3	5	0	0

会计：杨佳兴　　出纳：黄洋洋

（四）著成服饰有限公司 2021 年 5 月 10 日的其他货币资金业务(答案)

借：其他货币资金——银行本票	10 000.00
贷：银行存款	10 000.00

（五）第三方支付平台结算业务(答案)

借：其他货币资金——支付宝平台账户存款	13 108.00
贷：主营业务收入	11 600.00
应交税费——应交增值税(销项税额)	1 508.00

项目三　应收及预付款项

理论题答案

一、判断题

1. √　2. ×　3. ×　4. √　5. √　6. ×　7. √　8. √　9. √　10. √

二、单项选择题

1. A　2. C　3. C　4. A　5. B　6. D　7. A　8. A　9. A　10. C

三、多项选择题

1. AC　2. AB　3. ABD　4. ABC　5. ACD

业务题答案

业务一

1. 审核原始凭证(包含对入账金额的审核)：

应计入“应收账款”的金额 = 297 000+ 38 610+1090 = 336 700(元)

2. 编制记账凭证(用会计分录代替)：

借：应收账款——厦门海西商城	336 700.00
贷：主营业务收入	297 000.00
应交税费——应交增值税(销项税额)	38 610.00
银行存款	1 090.00

业务二

借：银行存款	333 730.00
财务费用	2 970.00
贷：应收账款——厦门海西商城	336 700.00

业务三

1. 收到商业汇票后妥善保管，并在应收票据备查账簿上登记。(略)

2. 根据图 3-5 及相关资料编制记账凭证(用会计分录代替)：

借：应收票据——厦门海西商城　　67 800. 00
　　贷：主营业务收入　　60 000. 00
　　　　应交税费——应交增值税(销项税额)　　7 800. 00

业务四

1. 贴现的计算(列出计算式)：

(1) 贴现利息 = 67 800×6%÷12×2 = 678. 00(元)

(2) 贴现净额 = 67 800−678 = 67 122. 00(元)

2. 根据图 3-6 及相关资料编制贴现的记账凭证(用会计分录代替)：

借：银行存款　　67 122. 00
　　财务费用　　678. 00
　　贷：应收票据——厦门海西商城　　67 800. 00

业务五

1. 列出本年应提取或冲销坏账准备金额的计算式：

本年应提坏账准备金额 = (5 000 000−2 000 000)×5%+15 000−35 000 = 130 000

2. 根据填写完整的图 3-7 编制记账凭证(用会计分录代替)：

借：信用减值损失——提取坏账损失　　130 000. 00
　　贷：坏账准备　　130 000. 00

业务六

1. 根据图 3-8 编制记账凭证(以会计分录代替)：

借：坏账准备　　50 000. 00
　　贷：应收账款——南强集团　　50 000. 00

2. 根据图 3-9 及有关资料编制记账凭证(以会计分录代替)。

(1) 收回已确认的坏账，款项存入银行的会计分录：

借：银行存款　　50 000. 00
　　贷：应收账款——南强集团　　50 000. 00

(2) 之前将该笔应收款项确认为坏账，现给予冲回的会计分录：

借：坏账准备　　50 000. 00(红字)
　　贷：应收账款——南强集团　　50 000. 00(红字)

项目四　存　　货

理论题

一、判断题

1. √　2. ×　3. ×　4. ×　5. √　6. ×　7. √　8. ×　9. ×　10. √

二、单项选择题

1. D　2. A　3. A　4. B　5. D　6. D　7. C　8. A　9. A　10. B

三、多项选择题

1. AC　2. ACD　3. BCD　4. BD　5. AB　6. ABC

业务题答案

业务一

1. 个别计价法的处理结果见图 4-2。

名称及规格：PU 革　　**物资明细账**　　最高储备量：4000

存放地点：第 1 仓库　　最低储备量：400

21年		凭证	摘要	借（收入）方				核对号	贷（发出）方				结　存			
月	日			批号	数量	单价	金额		批号	数量	单价	金额	批号	数量	单价	金额
10	1	略	结存										1601	400	15.10	6 040
10	9	略	购入	1602	2400	15.25	36600						1601 1602	400 2400	15.10 15.25	6 040 36 600
10	12	略	发料						1602	2400	15.25	36600	1602	400	15.10	6 040
10	18	略	购入	1603	600	15.35	9 210						1601 1603	400 600	15.10 15.35	6 040 9 210
10	12	略	发料						1601 1603	400 600	15.10 15.35	6040 9210				0
10	30	略	购入	1604	500	15.30	7650						1604	500	15.30	7650
					3500		53460			3400		51850	1604	500	15.30	7650

图 4-2

2. 先进先出法的处理结果见图 4-3。

名称及规格：PU 革　　**物资明细账**　　最高储备量：4000

存放地点：第 1 仓库　　最低储备量：400

21年		凭证	摘要	借（收入）方										核对号	贷（发出）方										结　存									
月	日			数量	单价	十	万	千	百	十	元	角	分		数量	单价	十	万	千	百	十	元	角	分	数量	单价	十	万	千	百	十	元	角	分
10	1	略	结存																						400	15.10			6	0	4	0	0	0
10	9	略	购入	2400	15.25		3	6	6	0	0	0	0												400 2400	15.10 15.25		 3	6 6	0 6	4 0	0 0	0 0	0 0
10	12	略	发料												400 2000	15.10 15.25		 3	6 0	0 5	4 0	0 0	0 0	0 0	400	15.25			6	1	0	0	0	0
10	18	略	购入	600	15.35			9	2	1	0	0	0												400 600	15.25 15.35			6 9	1 2	0 1	0 0	0 0	0 0
10	12	略	发料												400 600	15.25 15.35			6 9	1 2	0 1	0 0	0 0	0 0							0			
10	30	略	购入	500	15.30			7	6	5	0	0	0												500	15.30			7	6	5	0	0	0
				3500			5	3	4	6	0	0	0		3400			5	1	8	5	0	0	0	500	15.30			7	6	5	0	0	0

图 4-3

3. 加权平均法的处理结果见图 4-4。

名称及规格：PU 革**物资明细账**最高储备量：4000

存放地点：第 1 仓库最低储备量：400

21年		凭	摘要	借（收入）方										贷（发出）方										结存									
月	日	证		数量	单价	十	万	千	百	十	元	角	分	数量	单价	十	万	千	百	十	元	角	分	数量	单价	十	万	千	百	十	元	角	分
10	1	略	结存																					400	15.10			6	0	4	0	0	0
10	9	略	购入	2400	15.25		3	6	6	0	0	0	0											2800									
10	12	略	发料											2400			3	6	6	1	5	3	6	400									
10	18	略	购入	600	15.35			9	2	1	0	0	0											1000									
10	12	略	发料											1000			1	5	2	5	6	4	0										
10	30	略	购入	500	15.30			7	6	5	0	0	0											500									
				3500			5	3	4	6	0	0	0	3400	15.2564		5	1	8	7	1	7	6	500	15.2564			7	6	2	8	2	4

图 4-4

业务二

1. 根据增值税专用发票、支票存根等单据编制记账凭证(以会计分录代替)：

借：在途物资——棉布　101 250.00
　　应交税费——应交增值税(进项税额)　13 112.50
　　贷：银行存款　114 362.50

2. 根据审核无误的“材料入库”编制相应的记账凭证(以会计分录代替)：

借：原材料——棉布　101 250.00
　　贷：在途物资——棉布　101 250.00

业务三

1. 平时暂不入账。

2. 按合同价暂估入账的会计分录：

借：库存商品——跑步鞋　63 700.00
　　贷：应付账款——暂估应付账款　63 700.00

3. 冲销暂估入账的会计分录：(金额用红字)

借：库存商品——跑步鞋　63 700.00(红字)
　　贷：应付账款——暂估应付账款　63 700.00(红字)

4. 根据填写完整的入库单、增值税专用发票、转账支票存根等单据编制会计分录：

借：库存商品——跑步鞋　63 700.00
　　应交税费——应交增值税(进项税额)　8 281.00
　　贷：银行存款　71 981.00

业务四

1. 根据图 4-7 编制潮流公司本月发出材料的记账凭证(以会计分录代替)：

借：基本生产成本——男童套装　46 800.00
　　基本生产成本——女童套装　40 320.00
　　制造费用　2 400.00
　　辅助生产成本　4 800.00
　　管理费用　1 920.00
　　销售费用　960.00
　　贷：原材料——A 材料　54 720.00
　　　　　　——B 材料　32 400.00
　　　　　　——C 材料　10 080.00

2. 计算潮流公司本月材料成本差异率及本月发出存货应负担的差异。

(1) 本月材料成本差异率=(3 150+2 040−150)÷(60 000+27 600+38 400)
=5 040÷126 000=4%

(2) 潮流公司本月发出材料应负担的成本差异：

男童套装领用材料应负担的成本差异=46 800×4%=1 872.00

女童套装领用材料应负担的成本差异=40 320×4%=1 612.80

基本车间领用材料应负担的成本差异=2 400×4%=96.00

辅助车间领用材料应负担的成本差异=4 800×4%=192.00

行政管理部门领用材料应负担的成本差异=1 920×4%=76.80

专设销售机构领用材料应负担的成本差异=960×4%=38.40

3. 编制结转材料成本差异的记账凭证(以会计分录代替)：

借：基本生产成本——男童套装　1 872.00
　　基本生产成本——女童套装　1 612.80
　　制造费用　96.00
　　辅助生产成本　192.00
　　管理费用　76.80
　　销售费用　38.40
　　贷：材料成本差异　3 888.00

4. 请在图 4-6 上登记 10 月份“本月合计”行次的内容(其他登记业务略)：

材料成本差异明细账

明细账户：原材料　　　　单位：元

21年 月	日	凭证	摘要	本月收入 计划成本	本月收入 成本差异 超支	本月收入 成本差异 节约	差异分配率	本月发出 计划成本	本月发出 成本差异 超支	本月发出 成本差异 节约	本月结存 计划成本	本月结存 成本差异 超支	本月结存 成本差异 节约
10	1	略	结存								38400		150
10	7	略	发出					36000			2400		
10	12	略	购入	60000	3150						62400		
10	15	略	发出					61200			1200		
10	29	略	购入	27600	2040						28 800	1152	
10	31	略	本月合计	87600	5190			97200	3888		28 800	1152	

图 4-6

业务五

1. 编制收取包装物押金的记账凭证(以会计分录代替)：

借：银行存款　3 000.00
　贷：其他应付款——包装物押金　3 000.00

2. 企业对出借包装物采用一次摊销法，请编制出借包装物发出的记账凭证：

借：销售费用　2 000.00
　贷：包装物　2 000.00

3. 编制收回包装物残料的记账凭证(以会计分录代替)：

借：周转材料——废料　200.00
　贷：销售费用　200.00

4. 编制没收部分押金，归还部分押金的记账凭证(以会计分录代替)：

借：其他应付款——包装物押金　3 000.00
　贷：其他业务收入　2 000.00
　　应交税费——应交增值税(销项税额)　260.00
　　库存现金　740.00

业务六

1. 领用低值易耗品，根据出库单编制记账凭证(以会计分录代替)：

借：周转材料——低值易耗品(在用)　5 000.00
　贷：周转材料——低值易耗品(在库)　5 000.00

2. 自制低值易耗品领用时的摊销单据，根据摊销单据编记账凭证(以会计分录代替)：

借：制造费用　1 500.00
　管理费用　600.00
　销售费用　400.00
　贷：周转材料——低值易耗品(摊销)　2 500.00

3. 自制低值易耗品报废时的摊销单据，根据摊销单据编制记账凭证(以会计分录代替)：

借：制造费用　1 500.00
　管理费用　600.00
　销售费用　400.00
　贷：周转材料——低值易耗品(摊销)　2 500.00

4. 低值易耗品报废并回收残料，请根据入库单(略)编制记账凭证：

借：原材料——废料　500.00
　周转材料——低值易耗品(摊销)　5 000.00
　贷：制造费用　300.00
　　管理费用　120.00
　　销售费用　80.00
　　周转材料——低值易耗品(在用)　5 000.00

业务七

1. 根据图 4-8 编制记账凭证：

借：委托加工物资——九江印染厂 45 000.00
　　贷：原材料——白坯布 45 000.00

2. 根据运费的增值税票(略)及银行结算凭证(略)编制记账凭证：

借：委托加工物资——九江印染厂 600.00
　　应交税费——应交增值税(进项税额) 54.00
　　贷：银行存款 654.00

3. 根据九江印染厂提供的增值税票(略)及有关银行结算凭证(略)编制记账凭证：

借：委托加工物资——九江印染厂 12 000.00
　　应交税费——应交增值税(进项税额) 1 560.00
　　贷：银行存款 13 560.00

4. 委托九江纺织厂印染的白坯布回收入库。根据有关单据编制记账凭证：

借：原材料——彩色布 57 600.00
　　贷：委托加工物资——九江印染厂 57 600.00

业务八

1. 盘点存货，原因未查明之前的账务处理。

(1) 盘盈纽扣：

借：原材料——纽扣 98.00
　　贷：待处理财产损溢——待处理流动资产损溢 98.00

(2) 盘亏锦棉布：

借：待处理财产损溢——待处理流动资产损溢 320.00
　　贷：原材料——锦棉布 320.00

(3) 盘亏拉链：

借：待处理财产损溢——待处理流动资产损溢 3 051.00
　　贷：原材料——拉链 2 700.00
　　应交税费——应交增值税(进项税额转出) 351.00

2. 原因查明后，按规定进行账务处理。

(1) 盘盈纽扣(按会计准则的规定处理)：

借：待处理财产损溢——待处理流动资产损溢 98.00
　　贷：管理费用 98.00

（2）盘亏锦棉布（按会计准则的规定处理）：

借：管理费用	320.00
贷：待处理财产损溢——待处理流动资产损溢	320.00

（3）盘亏拉链（由管理者张三赔偿总损失的40%，其余部分按会计准则的规定处理）：

借：其他应收款——张三	1220.40
管理费用	1830.60
贷：待处理财产损溢——待处理流动资产损溢	3051.00

项目五　固定资产

理论题答案

一、判断题

1. √　2. ×　3. ×　4. ×　5. √　6. √　7. √　8. ×　9. ×　10. √

二、单项选择题

1. A　2. D　3. A　4. D　5. C　6. D　7. B　8. B　9. B　10. C

三、多项选择题

1. BC　2. AB　3. ACD　4. ABD　5. ABCD　6. ABC

业务题答案

业务一

原值 2 000 000. 00（元）；设备费 2 000 000. 00（元）；净残值 30 000（元）。

借：固定资产——生产经营用固定资产	2 000 000. 00
应交税费——应交增值税（进项税额）	260 000. 00
贷：银行存款	2 260 000. 00

业务二

1. 购入仓库建设用材料，编制相应的记账凭证：

借：在建工程——工程物资	1 000 000. 00
应交税费——应交增值税（进项税额）	130 000. 00
贷：银行存款	1 130 000. 00

2. 领用工程物资，请编制相应的记账凭证：

借：在建工程——自建仓库	1 000 000. 00
贷：在建工程——工程物资	1 000 000. 00

3. 仓库建设领用生产用材料，请编制相应的记账凭证：

借：在建工程——自建仓库	50 000.00
贷：原材料	50 000.00

4. 提取工程建设人员薪酬，请编制相应的记账凭证：

借：在建工程——自建仓库	150 000.00
贷：应付职工薪酬	150 000.00

5. 仓库验收交付使用并办理竣工决算，请编制相应的记账凭证：

借：固定资产——仓库	1 200 000.00
贷：在建工程——自建仓库	1 200 000.00

业务三

1. 请编制盘盈待处理的记账凭证(以会计分录代替)：

借：固定资产——台式电脑	5600.00
贷：以前年度损益调整	5600.00

2. 经董事会决定，由财务部按《企业会计准则》的规定进行处理，请编制记账凭证：

借：以前年度损益调整	5 600.00
贷：应交税费——应交所得税	1 400.00
盈余公积	420.00
利润分配——未分配利润	3 780.00

业务四

1. 12 月 30 日为租赁开始日，合同约定的应付租赁款总额 232 万元：

借：固定资产——融资租赁固定资产	2 320 000.00
贷：长期应付款	2 320 000.00

注：该生产线由出租方负责安装，承担一切安装费用，并已在 12 月 30 日前安装完毕。

2. 为该租赁项目支付手续费、律师费等初始直接费用 8 万元：

借：固定资产——融资租赁固定资产	80 000.00
贷：银行存款	80 000.00

3. 该设备租赁款分两年付清，每季度末付 29 万元，请编制每季末付款的记账凭证：

借：长期应付款	290 000.00
贷：银行存款	290 000.00

4. 租赁期满，结转固定资产：

借：固定资产——生产经营用固定资产	2 400 000.00
贷：固定资产——融资租赁固定资产	2 400 000.00

业务五

1. 采用平均年限法提取该项固定资产的年折旧额、月折旧额：

年折旧额=(2 400 000-200 000+50 000)÷5=450 000(元)
月折旧额=450 000÷12=37 500(元)

2. 采用工作量法，请计算该设备 2021 年全年应提的折旧额：

单位产品折旧额=(2 400 000-200 000+50 000)÷30 000 000=0. 075(元/双)
2021 年全年应提折旧额=8 000 000×0. 075=600 000(元)

3. 采用年数总和法提取折旧，请计算其每年的折旧率及应提折旧额：

全自动生产线应提折旧额=2 400 000-200 000+50 000=2 250 000(元)
第一年折旧率=5÷(1+2+3+4+5)
第一年应提折旧=2 250 000×5/15=750 000(元)
第二年折旧率=4÷15
第二年应提折旧=2 250 000×4/15=600 000(元)
第三年折旧率=3÷15
第三年应提折旧=2 250 000×3/15=450 000(元)
第四年折旧率=2÷15
第四年应提折旧=2 250 000×2/15=300 000(元)
第五年折旧率=1÷15
第五年应提折旧=2 250 000×1/15=150 000(元)

4. 采用双倍余额递减法提取折旧，请计算其折旧率及每年应提的折旧额：

年折旧率=1/5×2=40%
预计净残值=200 000-50 000=150 000(元)
第一年折旧额=2 400 000×40%=960 000(元)；
第一年未固定资产净值=1440 000(元)
第二年折旧额=1 440 000×40%=576 000(元)；
第二年未固定资产净值=864 000(元)
第三年折旧额=864 000×40%=345 600(元)；
第三年年未固定资产净值=518 400(元)
最后二年的年折旧额=(518 400-150 000)÷2=184 200(元)

业务六

1. 停止使用、不提折旧，将固定资产账面价值转入在建工程：

借：在建工程——批发商场改造工程	1 200 000. 00
累计折旧	1 800 000. 00
贷：固定资产	3 000 000. 00

2. 经财务部门审核，改扩建过程，总共支出 800 000 元，全部通过银行转账付讫：

借：在建工程——批发商场改造工程	800 000.00
贷：银行存款	800 000.00

3. 改扩建过程完工，经有关部门验收合格，交付使用：

借：固定资产——经营用固定资产(批发商场)	2 000 000.00
贷：在建工程——批发商场改造工程	2 000 000.00

4. 计算改扩建后固定资产的折旧年限：

折旧后的年限 = 50 − 30 + 20 = 40 年

业务七

1. 固定资产转入清理：

借：固定资产清理	200 000.00
累计折旧	800 000.00
贷：固定资产	1 000 000.00

2. 转账支付清理费用 6000 元：

借：固定资产清理	6 000.00
贷：银行存款	6 000.00

3. 转账收到设备销售款 169 950 元：

增值税销项税额 = 169 950 ÷ (1 + 3%) × 2% = 3 300(元)

不含税销售价 = 169 950 − 3 300 = 166 650(元)

借：银行存款	169 950.00
贷：固定资产清理	166 650.00
应交税费——应交增值税(销项税额)	3 300.00

4. 请结转净损益：

借：资产处置收益	39 350.00
贷：固定资产清理	39 350.00

业务八

1. 企业董事会尚未做出处理决定时，请编制相应的记账凭证(以会计分录代替)：

借：待处理财产损溢——待处理固定资产损溢	46 400.00
累计折旧	60 000.00
贷：固定资产——生产经营用(小型机台)	100 000.00
应交税费——应交增值税(进项税额转出)	6 400.00

提示：进项转出金额 = (100 000.00 − 60 000.00) × 16% = 6 400(元)

2. 由设备使用管理者赔偿10%，其余按《企业会计准则》的规定处理：

借：其他应收款——设备使用者	4 640.00
营业外支出——固定资产盘亏损失	41 760.00
贷：待处理财产损溢—— 待处理固定资产损溢	46 400.00

项目六　无形资产及长期待摊费用

理论题答案

一、判断题

1. × 2. √ 3. √ 4. × 5. √ 6. √ 7. × 8. √ 9. √ 10. ×

二、单项选择题

1. B 2. D 3. D 4. A 5. D 6. A 7. B 8. C 9. C 10. A

三、多项选择题

1. ABD 2. ABCD 3. ABCD 4. AD 5. ABCD

业务题答案

业务一

1. 2018年发生的各项研发支出，根据审核无误的原始凭证(略)编制记账凭证：

借：研发支出——费用化支出	250 000.00
贷：原材料	30 000.00
应付职工薪酬	150 000.00
银行存款	70 000.00

2. 经确认当年发生的各项研发支出均属研究阶段支出，编制记账凭证：

借：管理费用	250 000.00
贷：研发支出——费用化支出	250 000.00

3. 2019年发生的各项研发支出，根据审核无误的原始凭证编制记账凭证：

借：研发支出——资本化支出	480 000.00
贷：应付职工薪酬	290 000.00
银行存款	190 000.00

4. 年末，废水回收利用技术研发完成并确认为企业的无形资产：

借：无形资产——废水回收利用技术	480 000.00
贷：研发支出——资本化支出	480 000.00

业务二

1. 计算五彩公司废水回收利用技术的年累计摊销额、月累计摊销额：

废水回收利用技术的年累计摊销额 = 480 000÷5 = 96 000
废水回收利用技术的月累计摊销额 = 96 000÷12 = 8 000

2. 编制按月提取累计摊销额的会计凭证(以会计分录代替)：

借：制造费用　　8 000.00
　　贷：累计摊销　　8 000.00

业务三

借：银行存款　　318 000.00
　　累计摊销　　192 000.00
　　资产处置收益　　8 000.00
　　贷：无形资产——废水回收利用技术　　480 000.00
　　　　应交税费——应交增值税(销项税额)　　18 000.00
　　　　银行存款　　20 000.00

业务四

1. 收到甲投资人投入的资本人民币 200 万元已存入银行(原始凭证略)：

借：银行存款　　2 000 000.00
　　贷：实收资本——甲投资人　　2 000 000.00

2. 购买生产用设备价值 50 万，增值税 8.5 万，款项转账付讫，设备已验收完毕：

借：固定资产——生产经营用固定资产　　500 000.00
　　应交税费——应交增值税(进项)　　65 000.00
　　贷：银行存款　　565 000.00

3. 筹建期间发生差旅费用(原始凭证略)35 000 元，已转账付讫：

借：长期待摊费用——开办费　　35 000.00
　　贷：银行存款　　35 000.00

4. 筹建期间提取员工(原始凭证略)工资 125 000 元：

借：长期待摊费用——开办费　　125 000.00
　　贷：应付职工薪酬　　125 000.00

5. 筹建期间转账支付水电费 30 000 元(原始凭证略)，增值税 3 900 元：

借：长期待摊费用——开办费　　30 000.00
　　应交税费——应交增值税(进项税额)　　3 900.00
　　贷：银行存款　　33 900.00

6. 筹建期间，办理各类证件，花费 3 000 元，以库存现金付讫：

借：长期待摊费用——开办费　　3 000.00
　　贷：库存现金　　3 000.00

7. 筹建期间，转账购买一项非专利技术，价值人民币 215 000 元：

借：无形资产——某项非专利技术　　215 000.00
　　贷：银行存款　　215 000.00

8. 筹建期间，以库存现金支付少量业务招待费 1 900 元：

借：长期待摊费用——开办费　　1 900.00
　　贷：库存现金　　1 900.00

9. 2020 年 1 月 1 日，开始正式生产，请摊销该企业筹建期发生的开办费：

借：管理费用　　194 900.00
　　贷：长期待摊费用——开办费　　194 900.00

项目七　流动负债

理论题答案

一、判断题

1. √　2. ×　3. ×　4. ×　5. ×　6. ×　7. √　8. √　9. ×　10. ×　11. √　12. √

二、单项选择题

1. B　2. C　3. B　4. C　5. A　6. C　7. C　8. C　9. A　10. D　11. C　12. B

三、多项选择题

1. ABC　2. ABCD　3. ABCD　4. AB　5. AC　6. AC　7. CD　8. AD

业务答案

业务一

1. 根据中国工商银行(流动资金货款)借款凭证(回单)等原始凭证编制记账凭证：

借：银行存款　　180 000.00
　　贷：短期借款——工商银行晋江支行　　180 000.00

2. 按月计算短期借款利息，并编制提取利息的记账凭证：

每月应提短期借款利息 = 180 000×8%÷12 = 12 00

借：财务费用　　1 200.00
　　贷：应付利息——工商银行晋江支行　　1 200.00

3. 每季支付利息，编制相应的记账凭证(以会计分录代替)：

借：应付利息——工商银行晋江支行	3 600.00	
贷：银行存款		3 600.00

4. 一年期满还本以及归还最后一个季度的利息，请编制相应的记账凭证：

借：短期借款——工商银行晋江支行	180 000.00	
应付利息——工商银行晋江支行	3 600.00	
贷：银行存款		183 600.00

业务二

1. 签发、承兑商业汇票时，在“应付票据备查账簿”(略)上登记。
2. 账务处理

(1) 购买材料，签发、承兑不带息的商业汇票：

借：材料采购(或原材料)	106 422.02	
应交税费——应交增值税(进项税额)	13 577.98	
贷：应付票据(面值)——某公司		120 000.00

原材料采购成本＝100 000+7000÷(1+9%)＝106 422.02(元)

进项税额＝13 000+(7 000−6 422.02)＝13577.98(元)

(2) 按月提取票据利息：

借：财务费用	600.00	
贷：应付票据(利息)——某公司		600.00

(3) 票据到期还本付息(已预提了5个月的利息，最后一个月的利息未预提)：

借：应付票据(面值+已提取的利息)——某公司	123 000.00	
财务费用(尚未提取的利息)	600.00	
贷：银行存款		123 600.00

3. 承付票据款后，在“应付票据备查账簿”(略)上注销。

业务三

1. 根据图7-2，编制发放职工薪酬的记账凭证(以会计分录代替，下同)：

借：应付职工薪酬——工资	357 000.00	
贷：其他应付款——代扣的三险一金		67 830.00
应交税费——个人所得税(代扣税金)		1 346.30
银行存款		287 823.70

2. 根据图7-3，编制分配职工薪酬的记账凭证：

借：基本生产成本——甲产品——直接人工　209 000.00
　　制造费用——基本生产车间　26 000.00
　　辅助生产成本　38 800.00
　　销售费用　25 200.00
　　管理费用　58 000.00
　　贷：应付职工薪酬——职工工资　357 000.00

3. 根据图 7-3，编制提取职工五险一金的记账凭证：

借：基本生产成本——甲产品—直接人工　73 150.00
　　制造费用——基本生产车间　9 100.00
　　辅助生产成本　13 580.00
　　销售费用　8 820.00
　　管理费用　20 300.00
　　贷：应付职工薪酬——应付医疗保险　28 560.00
　　　　——应付养老保险　57 120.00
　　　　——应付失业保险　7 140.00
　　　　——应付工伤保险　1 785.00
　　　　——应付生育保险　1 785.00
　　　　——应付住房公积金　28 560.00

4. 编制提取工会经费的记账凭证(按应付工资总额的 1.5%提取)：

借：基本生产成本——甲产品　3 135.00
　　制造费用　390.00
　　辅助生产成本　582.00
　　销售费用　378.00
　　管理费用　870.00
　　贷：应付职工薪酬——应付工会经费　5 355.00

5. 编制提取职工教育经费的记账凭证(按应付工资总额的 5%提取)：

借：基本生产成本——甲产品　10 450.00
　　制造费用　1 300.00
　　辅助生产成本　1 940.00
　　销售费用　1 260.00
　　管理费用　2 900.00
　　贷：应付职工薪酬——应付职工教育经费　17 850.00

6. 编制向有关部门转账支付住房公积金的记账凭证：

借：应付职工薪酬——应付住房公积金　28 560.00
　　其他应付款——应付住房公积金　28 560.00
　　贷：银行存款　57 120.00

7. 编制向有关部门转账支付住房公积金的记账凭证：

借：应付职工薪酬——应付工会经费　　5 355.00
　　——应付职工教育经费　　17 850.00
　　贷：银行存款　　23 205.00

业务四

1. 编制九星集团 9 月 4 日购进 A 材料的记账凭证：

借：原材料——A　　2 010 000.00
　　应交税费——应交增值税（进项税额）　　260 900.00
　　贷：银行存款　　2 270 900.00

2. 编制九星集团 9 月 15 日盘亏 A 材料的记账凭证：

借：待处理财产损溢——待处理流动资产损溢　　11 300.00
　　贷：原材料——A　　10 000.00
　　　　应交税费——应交增值税（进项税额转出）　　1 300.00

3. 编制九星集团 9 月 25 日销售商品的记账凭证：

借：银行存款　　5 650 000.00
　　贷：主营业务收入　　5 000 000.00
　　　　应交税费——应交增值税（销项税额）　　650 000.00

4. 编制九星集团 9 月 30 日上交本月应交增值税的记账凭证：

借：应交税费——应交增值税（已交税金）　　300 000.00
　　贷：银行存款　　300 000.00

5. 计算本月应结转的增值税，请编制结转增值税的记账凭证：

借：应交税费——应交增值税——转出未交增值税　　90 400.00
　　贷：应交税费——未交增值税　　90 400.00

未交增值税 =（650 000.00+1 300.00）-（260 900.00+300 000.00）= 90 400.00（元）

应交税费 — 应交增值税

单位：元

日期		凭证（略）	摘要	借方					贷方					借或贷	余额
				合计	进项税额	已交税金	出口抵销内销产品应纳税额	转出未交增值税	合计	销项税额	出口退税	进项税额转出	转出多交增值税		
8	…	…	…	…	…	…	…	…	…	…	…	…	…	平	0
8	30		本月合计	680 000	351 000	329 000			680 000	680 000				平	0
9	4		采购材料	260 900	260 900									借	260 900
9	15		材料盘亏						1 300			1 300		借	259 600
9	25		销售产品						650 000	650 000				贷	390 400
9	30		交税	300 000		300 000								贷	90 400
9	30		转出未交	90 400				90 400						平	0
8	30		本月合计	651 300	260 900	300 000		90 400	651 300	650 000		1 300		平	0

业务五

1. 在图 7-5 上填写九星集团销售白酒 4 000kg 的“应交消费税计算表”。

应交消费税计算表

2021 年 10 月 31 日　　　　单位：元

项目			税额								
白酒	**计税数量**	**单位税额**	百	十	万	千	百	十	元	角	分
	4 000kg	1				4	0	0	0	0	0
	计税销售额	**税率**	百	十	万	千	百	十	元	角	分
	260 000	20%			5	2	0	0	0	0	0
合计（大写）	人民币伍万陆仟元整			¥	5	6	0	0	0	0	0

会计主管：　　　　制　表：某某某

图 7-5　应交消费税计算表

2. 根据图 7-5 编制提取消费税的记账凭证：

借：税金及附加　56 000.00

　应交税费——消费税　56 000.00

业务六

1. 在图 7-6 上计算填写万和集团本月应交城建税、应交教育费附加：

应交城建税、教育费附加计算表

2021 年 10 月 1 日至 31 日　　　　单位：元

项目	计税税额	适用税费率	税额									备注
			百	十	万	千	百	十	元	角	分	
城建税	580 000	7%			4	0	6	0	0	0	0	
教育费附加	580 000	3%			1	7	4	0	0	0	0	
合　计（大写）		人民币伍万捌仟元整　　¥ 58 000.00										

会计主管：　　　　制表：

图 7-6　应交城建税、教育费附加计算表

2. 根据图 7-7 编制提取城建税、提取教育费附加的记账凭证：

借：税金及附加　58 000.00

　贷：应交税费——应交城建税　40 600.00

　　　　——教育费附加　17 400.00

业务七

1. 提取 2021 年度的房产税 98 000 元，车船使用税 1 900 元；城镇土地使用税 69 000：

借：税金及附加　168 900.00

　贷：应交税费——应交房产税　98 000.00

　　　　——应交车船使用税　1 900.00

　　　　——应交城镇土地使用税　69 000.00

2. 转账支付本季度房产税 24 500 元：

借：应交税费——应交房产税　　24 500.00
　　贷：银行存款　　24 500.00

3. 企业购买一辆汽车，转账支付车辆购置税 18 800 元：

借：固定资产　　18 800.00
　　贷：银行存款　　18 800.00

4. 企业购买印花税票 350 元，出纳以现金付讫：

借：税金及附加　　350.00
　　贷：库存现金　　350.00

项目八　非流动负债

理论题答案

一、判断题

1. √　2. ×　3. √　4. ×　5. √　6. √　7. ×　8. ×　9. √　10. ×

二、单项选择题

1. C　2. A　3. B　4. C　5. C　6. A　7. C　8. B　9. A　10. D

三、多项选择题

1. ABD　2. AB　3. ABC　4. AB　5. ABC

业务题答案

业务一

1. 根据某银行贷款凭证③收账通知等原始凭证编制记账凭证：

借：银行存款　　5 000 000.00
　　贷：长期借款　　5 000 000.00

2. 提取 2020 年长期借款利息，编制相应的记账凭证：

借：在建工程　　420 000.00
　　贷：应付利息　　420 000.00

3. 提取 2021 年长期借款利息，编制相应的记账凭证：

借：财务费用　　420 000.00
　　贷：应付利息　　420 000.00

4. 2022 年 1 月 1 日，通过银行转账，一次性还本付息，编制相应的记账凭证：

借：长期借款 5 000 000.00
　　应付利息 840 000.00
　　贷：银行存款 5 840 000.00

业务二

1. 福建近邻食品公司根据企业债券款的银行收账通知等单据编制记账凭证：

借：银行存款（实际收到款项） 9 640 000.00
　　应付债券——利息调整（折价部分） 360 000.00
　　贷：应付债券——面值 10 000 000.00

2. 按月提取债券利息：

每月应提债券利息 = 10 000 000×6%÷12 = 50 000（元）

每月利息调整额（折价部分）= 360 000÷36 = 10 000（元）

借：财务费用（债券筹集资金是用来补充流动资金） 60 000.00
　　贷：应付债券——利息调整（折价部分） 10 000.00
　　　　应付债券——应计利息 50 000.00

3. 到期日，一次性还本付息：

借：应付债券——面值 10 000 000.00
　　应付债券——应计利息 1 800 000.00
　　贷：银行存款 11 800 000.00

业务三

1. 根据有关原始凭证，编制租入设备验收交付使用时的记账凭证：

借：固定资产——融资租赁固定资产 1 800 000.00
　　未确认融资费用 200 000.00
　　贷：长期应付款——应付融资租赁款 2 000 000.00

2. 企业按年支付租金、请根据有关原始凭证编制记账凭证：

借：长期应付款——应付融资租赁款 1 000 000.00
　　贷：银行存款 1 000 000.00

3. 每年分摊未确认的融资费用，编制相应的记账凭证：

年未确认融资费用 = 200 000÷2 = 100 000

借：财务费用 100 000.00
　　贷：未确认融资费用 100 000.00

4. 租赁期满，融资租赁固定资产所有权转归承租企业，编制相应的记账凭证：

借：固定资产——生产经营用固定资产 1 800 000.00
　　贷：固定资产——融资租赁固定资产 1 800 000.00

项目九　所有者权益

理论题答案

一、判断题

1. ×　2. √　3. √　4. √　5. ×　6. √　7. ×　8. ×　9. √　10. √　11. √　12. √

二、单项选择题

1. A　2. A　3. A　4. C　5. C　6. A　7. C　8. A　9. C　10. C　11. C　12. C

三、多项选择题

1. ABC　2. AB　3. ABCD　4. AB　5. AC　6. BD

业务题答案

业务一

根据开户银行的收账通知(略)等原始凭证编制记账凭证：

借：银行存款	96 500 000.00	
贷：实收资本		10 000 000.00
资本公积		86 500 000.00

业务二

根据银行收账通知(略)等单据编制记账凭证：

借：实收资本	1 000 000.00	
资本公积	1 000 000.00	
盈余公积	2 000 000.00	
利润分配——未分配利润	6 000 000.00	
贷：银行存款		10 000 000.00

业务三

1. 编制购买日的会计分录。

借：可供出售的金融资产	162 500.00	
贷：银行存款		162 500.00

2. 编制 2021 年 12 月 31 日计算其他综合收益的会计分录：

借：可供出售的金融资产	31 000.00	
贷：其他综合收益		31 000.00

2021 年 12 月 31 日：

该项投资公允价值变动额＝10 000×(3－2.5)×6.45＝32 250(元)

该项投资形成的汇兑收益＝10 000×2.5×(6.45－6.5)＝1 250(元)

其他综合收益入账金额＝10 000×3×6.45－10 000×2.5×6.5＝31 000(元)

业务四

1. 根据图 9-1 等单据编制提取法定公积金、任意公积金的会计分录：

借：利润分配——提取公积金　720 000.00
　　贷：盈余公积——法定公积金　480 000.00
　　　　　　　　——任意公积金　240 000.00

2. 根据图 9-1 等单据编制向投资人分配现金股利的会计分录：

借：利润分配——应付股利　720 000.00
　　贷：应付股利　720 000.00

3. 年度终了，编制结平“利润分配”明细账户的会计分录：

借：利润分配——未分配利润　1 440 000.00
　　贷：利润分配——提取公积金　720 000.00
　　　　利润分配——应付股利　720 000.00

项目十　收　　入

理论题答案

一、判断题

1. ×　2. √　3. √　4. √　5. ×　6. ×　7. ×　8. √　9. √　10. ×

二、单项选择题

1. D　2. A　3. C　4. B　5. D　6. C　7. A　8. A　9. C　10. B

三、多项选择题

1. ABC　2. ABC　3. ABC　4. ABCD　5. AB

业务题答案

业务一

1. 销售商品已在 4 月份确认收入，请根据图 10-1 及结算凭证，冲减 5 月份收入：

借：主营业务收入　400 000.00
　　贷：应交税费——应交增值税(销项税额)　52 000.00(红字)
　　银行存款　452 000.00

2. 销售商品已在 4 月份结转成本，请冲减 5 月份的主营业务成本 200 000 元：

借：库存商品——服饰(女式上装)　200 000.00
　　贷：主营业务成本　200 000.00

业务二

1. 以现金付交通费、餐费，以存款付加班工资，根据有关单据编制记账凭证如下：

借：劳务成本 8 000.00
　　贷：库存现金 3 000.00
　　　　银行存款 5 000.00

2. 确认修理收入，根据进账单、增值税专用发票以及相关单据编制记账凭证如下：

借：银行存款 33 900.00
　　贷：主营业务收入 30 000.00
　　　　应交税费——应交增值税——销项 3 900.00

3. 结转修理设备成本，根据有关单据编制记账凭证如下：

借：主营业务成本 8 000.00
　　贷：劳务成本 8 000.00

业务三

1. 发出商品时，根据有关单据编制记账凭证如下：

借：发出商品——薄款男西裤 300 000.00
　　贷：库存商品——薄款男西裤 300 000.00

2. 发出商品时，针对40%货款开出增值税票，请根据有关单据编制记账凭证如下：

借：银行存款 216 960.00
　　贷：主营业务收入——薄款男西裤 192 000.00
　　　　应交税费——应交增值税——销项税额 24 960.00

3. 薄款男式西裤每件的生产成本50元，请结转发出商品时已确认收入的销售成本：

借：主营业务成本——薄款男西裤 120 000.00
　　贷：发出商品——薄款男西裤 120 000.00

4. 发出商品满一个月，针对30%货款开出增值税票，根据有关单据编制记账凭证如下：

借：应收账款——某采购商 162 720.00
　　贷：主营业务收入——薄款男西裤 144 000.00
　　　　应交税费——应交增值税——销项税额 18 720.00

5. 薄款男式西裤每件的生产成本50元，请结转发出商品时已确认收入的销售成本：

借：主营业务成本——薄款男西裤 90 000.00
　　贷：发出商品——薄款男西裤 90 000.00

6. 发出商品满二个月，最后 30% 货款开出增值税票，根据有关单据编制记账凭证如下：

借：应收票据——某采购商　　162 720.00
　　贷：其他业务收入——薄款男西裤　　144 000.00
　　　　应交税费——应交增值税——销项税额　　18 720.00

7. 薄款男式西裤每件的生产成本 50 元，请结转发出商品时已确认收入的销售成本：

借：其他业务成本——薄款男西裤　　90 000.00
　　贷：发出商品——薄款男西裤　　90 000.00

项目十一　费　　用

理论题答案

一、判断题

1. √　2. √　3. √　4. √　5. ×　6. √　7. √　8. ×　9. √　10. √

二、单项选择题

1. C　2. D　3. C　4. A　5. C　6. A　7. C　8. B　9. C　10. A

三、多项选择题

1. CD　2. ABC　3. ACD　4. ABCD　5. ABC　6. ABC

业务题答案

一、归集分配各项要素费用

（一）材料费用的归集与分配

2. 根据审核无误的材料费用汇总分配表，编制记账凭证：

借：基本生产成本——男夹克　　431 086.00
　　基本生产成本——女夹克　　262 545.00
　　制造费用——基本生产车间　　127.00
　　辅助生产成本——供电车间　　2 003.00
　　贷：原材料——甲材料　　362 037.00
　　　　　　——乙材料　　209 906.00
　　　　　　——丙材料　　121 688.00
　　　　　　——丁材料　　2 130.00

3. 根据记账凭证及所附的“材料费用汇总分配表”（图 11-1）登记有关明细账。

（二）人工费用（即职工薪酬）的归集与分配

2. 根据“人工费用分配表”及其所附的单据编制记账凭证：

借：基本生产成本——男夹克	152 760.00
基本生产成本——女夹克	77 184.00
制造费用——基本生产车间	26 800.00
辅助生产成本——供电车间	25 728.00
管理费用	47 704.00
贷：应付职工薪酬——职工工资	246 400.00
——医疗保险	19 712.00
——养老保险	39 424.00
——失业保险	2 464.00
——工伤保险	1 232.00
——生育保险	1 232.00
——住房公积金	19 712.00

3. 根据记账凭证及所附的“人工费用分配表”登记有关明细账。

（三）折旧费用的归集与分配

2. 根据折旧费用分配表（图 11-3）编制记账凭证如下：

借：制造费用——基本生产车间	14 064.00
辅助生产成本——供电车间	4 698.00
管理费用	7 350.00
贷：累计折旧	26 112.00

3. 根据记账凭证及所附的“折旧费用分配表”登记有关明细账。

（四）其他费用的归集与分配

2. 根据“其他费用汇总分配表”（图 11-4）编制会计分录如下：

借：制造费用——基本生产车间	2 589.00
辅助生产成本——供电车间	1 075.00
管理费用	4 692.00
贷：银行存款	8 356.00

3. 根据记账凭证及所附的“其他费用汇总分配表”登记有关明细账。

二、辅助生产费用的归集与分配

（一）在图 11-5 上①至⑤归集本月辅助生产费用

（二）辅助生产费用的分配

1. 在图 11-6 上分配辅助生产费用。

辅 助 生 产 成 本 明 细 账

供电车间 单位：元

摘 要	成本总额								产 品 成 本 项 目						
	十	万	千	百	十	元	角	分	直接材料	直接人工	折旧费	办公费	保险费	劳保费	其他
①分配材料			2	0	0	3	0	0	2003						
②分配薪酬		2	5	7	2	8	0	0		25728					
③分配折旧			4	6	9	8	0	0			4698				
④其他各项			1	0	7	5	0	0				500	250	230	95
⑤本月合计		3	3	5	0	4	0	0	2003	25728	4698	500	250	230	95
⑥本月结转		3	3	5	0	4	0	0	2003	25728	4698	500	250	230	95

图 11-5 辅助生产成本明细账

电费（辅助生产费用）分配表

2021 年 10 月 31 日 单位：元

受益对象或部门	用电度数	分配率	分配金额
基本车间一般使用	39 200	❹ 0.6 元/度	❶ 23 520.00
行政管理部门	16 640		❷ 9 984.00
合 计	❺55 840		❸ **33 504.00**

复 核 制 单

图 11-6 电费分配表

2. 账务处理。

根据编制完毕并审核无误的电费分配表(图 11-6)编制记账凭证：

借：制造费用——基本生产车间 23 520.00
　　管理费用——电费 9 984.00
　　贷：辅助生产成本——供电车间 33 504.00

3. 根据记账凭证及所附的“其他费用汇总分配表”登记有关明细账。

三、制造费用的归集与分配

1. 在图 11-7 第①至⑥行上归集本月制造费用。

制 造 费 用 明 细 账

基本生产车间 单位：元

摘 要	费用总额								费 用 项 目							
	十	万	千	百	十	元	角	分	机物料	人工费	折旧费	辅助（电）费用	办公费	保险费	劳保费	其他
①分配材料				1	2	7	0	0	127							
②分配薪酬		2	6	8	0	0	0	0		26 800						
③分配折旧		1	4	0	6	4	0	0			14 064					
④其他各项			2	5	8	9	0	0					1 366	680	393	150
⑤电力费用		2	3	5	2	0	0	0				23 520				
⑥本月合计		6	7	1	0	0	0	0	127	26 800	14 064	23 520	1 366	680	393	150
⑦本月结转		6	7	1	0	0	0	0	127	26 800	14 064	23 520	1 366	680	393	150

图 11-7 制造费用明细账

2. 制造费用的分配表见图 11-8。

制 造 费 用 分 配 表

车间：基本生产车间　　　　2021 年 10 月 31 日　　　　单位：元

分配对象	分配标准（生产工时）	分配率	应分配金额
男夹克	15 000		❸ *37 500.00*
女夹克	11 840		❹ *29 600.00*
合计	❶ 26 840	❷ 2.5 元/工时	❺ *67 100.00*

复　核　　　　　　　　制　单

图 11-8　制造费用分配表

3. 账务处理。

根据编制完毕并审核无误的制造费用分配表(图 11-8)编制记账凭证：

借：基本生产成本——男夹克　　37 500.00
　　基本生产成本——女夹克　　29 600.00
　　贷：制造费用——基本生产车间　　67 100.00

(1) 在图 11-7 上(红笔)登记本月转出的制造费用。

(2) 在图 11-9 上登记本月转入“男夹克生产成本”的制造费用。

四、分配完工产品与月末在产品成本

1. 在图 11-9 第⑤行累计男夹克生产费用。

基 本 生 产 成 本 明 细 账

名称及规格：男夹克

21年		凭证	摘要	成本总额									产品成本项目					
月	日			百	十	万	千	百	十	元	角	分	直接材料		直接人工		制造费用	
2	28		①在产品成本		1	7	0	5	3	3	0	0	108 913	00	51 240	00	10 380	00
3	31		②分配材料		4	3	1	0	8	6	0	0	431 086	00				
3	31		③分配职工薪酬		1	5	2	7	6	0	0	0			152 760	00		
3	31		④分配制造费用			3	7	5	0	0	0	0					37 500	00
3	31		⑤生产费用累计		7	9	1	8	7	9	0	0	539 999	00	204 000	00	47 880	00
3	31		⑥完工产品成本		6	4	8	0	0	0	0	0	432 000	00	180 000	00	36 000	00
3	31		⑦在产品成本		1	4	3	8	7	9	0	0	107 999	00	24 000	00	11 880	00

图 11-9　基本生产成本明细账

2. 在图 11-10 上计算编制男夹克的生产成本。

3. 根据图 11-10 和产品入库单(略)，编制结转完工产品成本的记账凭证如下：

借：库存商品——男夹克　　648 000
　　贷：基本生产成本——男夹克　　648 000

产品成本计算单

完工产品：8000 件

产品名称：男夹克　　2021 年 10 月　　月末在产品：2000 件

成本项目	直接材料	直接人工	制造费用	合计
生产费用累计	539 999.00	204 000.00	47 880.00	791 879.00
完工产品成本	432 000.00	180 000.00	36 000.00	648 000.00
完工产品单位成本	54.00	22.50	4.50	81.00
月末在产品成本	107 999.00	24 000.00	11 880.00	143 879.00

复　核　　制　单

图 11-10　产品成本计算单

4. 登账[登记结果见图 11-9 第⑥行(红笔)和第⑦行]。

项目十二　利　润

理论题答案

一、判断题

1. √　2. √　3. ×　4. ×　5. √　6. ×　7. ×　8. √　9. ×　10. ×　11. ×　12. √

二、单项选择题

1. D　2. D　3. B　4. D　5. C　6. A　7. A　8. D　9. B　10. B　11. A　12. C

三、多项选择题

1. ABC　4. ABCD　3. ABC　4. AB　5. AB　6. CD

业务题答案

1. 将损益类账户中各收入类账户结转前的贷方余额转入本年利润：

借：主营业务收入　7 900 000.00
　　其他业务收入　840 000.00
　　营业外收入　45 000.00
　　投资收益　650 000.00
　　贷：本年利润　9 435 000.00

2. 将损益类账户中各成本、费用类账户结转前的借方余额转入本年利润：

借：本年利润　7 035 000.00
　　贷：主营业务成本　4 500 000.00
　　　　其他业务成本　480 000.00
　　　　税金及附加　600 000.00
　　　　营业外支出　155 000.00
　　　　管理费用　400 000.00
　　　　销售费用　800 000.00
　　　　财务费用　100 000.00

3. 计算

（1）2021 年全年的营业利润＝7 900 000+840 000+650 000−4 500 000−480 000−600 000−400 000−800 000−100 000＝2 510 000（元）

（2）2021 年全年利润总额＝2 510 000+45 000−155 000＝2 400 000（元）

（3）2021 年全年应交所得税（企业无纳税调整项目）＝2 400 000×25%＝600 000（元）

（4）2021 年全年税后利润＝2 400 000−600 000＝1 800 000（元）

4. 采用应付税款法，编制提取所得税的记账凭证：

借：所得税费用	600 000. 00	
贷：应交税费——应交所得税		600 000. 00

5. 编制结转所得税费用的记账凭证：

借：本年利润	600 000. 00	
贷：所得税费用		600 000. 00

6. 按税后利润的 10%提取法定公积金、5%提取任意公积金，编制记账凭证：

借：利润分配——提取公积金	270 000. 00	
贷：盈余公积——法定公积金		180 000. 00
盈余公积——任意定公积金		90 000. 00

7. 计算可供分配的利润：

企业 2021 年可供分配的利润＝1 800 000−270 000+470 000＝2 000 000（元）

8. 将可供分配的利润的 50%以现金股利的方式分配给投资人，编制可记账凭证：

借：利润分配——应付股利	1 000 000. 00	
贷：应付股利		1 000 000. 00

9. 将 2021 年实现的净利润转入未分配利润：

借：本年利润	1 800 000. 00	
贷：利润分配——未分配利润		1 800 000. 00

10. 结平利润分配有关明细科目：

借：利润分配——未分配利润	1 270 000. 00	
贷：利润分配——提取公积金		270 000. 00
利润分配——应付股利		1 000 000. 00

项目十三　财务会计报告

理论题答案

一、判断题

1. √　2. ×　3. √　4. ×　5. ×　6. ×　7. √　8. ×　9. √　10. √

二、单项选择题

1. B 2. C 3. C 4. C 5. C 6. B 7. B 8. D 9. C 10. C

三、多项选择题

1. ABD 2. AC 3. ABD 4. ABCD 5. ABC

业务题答案

业务一

1. 根据久美服饰2021年3月份总账账户资料和明细账账户资料编制期末余额试算平衡表，如图13-37所示。

久美服饰 2021年3月期末余额试算平衡表 单位：元

账户名称	借或贷	期末余额	账户名称	借或贷	期末余额
库存现金	借	8 000	短期借款	贷	500 000
银行存款	借	2 092 000	应付票据	贷	200 000
其他货币资金	借	40 000	其他应付款	贷	8 000
交易性金融资产	借	1 200 000	应交税费	贷	95 000
应收票据	借	100 000	应付职工薪酬	贷	43 500
应收账款—项新集团	借	650 000	应付利息	贷	42 000
—著龙服饰	贷	61 720	预收账款—西部超市	贷	300 000
坏账准备	贷	58 000	—九龙批发	借	36 000
其他应收款	借	5 000	应付账款—黄河轻纺	贷	225 000
材料采购	借	155 000	—福塑集团	借	80 000
原材料	借	582 100	长期借款	贷	2 500 000
库存商品	借	493 000	其中：一年内到期		1 000 000
周转材料	借	151 200	实收资本	贷	5 000 000
生产成本	借	82 400	资本公积	贷	576 000
长期股权投资	借	800 000	盈余公资	贷	380 000
固定资产	借	4 000 000	本年利润	贷	487 180
累计折旧	贷	696 000	利润分配	贷	660 800
无形资产	借	1 450 000			
累计摊销	贷	91 500			
合计		10 901 480	合计		10 901 480

图13-37 久美服饰2021年3月期末余额试算平衡表

2. 根据编制好的图13-37及有关资料，分析、计算并填列该公司2021年3月资产负债表的期末数，如图13-38所示。

资产负债表

2021 年 3 月 31 日　　　　会企 01 表

编制单位久美服饰：　　　　单位：元

资　　产	行次	年初数	年末数	负债及所有者权益	行次	年初数	年末数
流动资产：		略		流动负债：			
货币资金			2 140 000	短期借款		略	500 000
以公允价值计量且变动计入当期损益的金融资产			1 200 000	以公允价值计量且变动计入当期损益的金融负债			
衍生金融资产				衍生金融负债			
应收票据			100 000	应付票据			200 000
应收账款			628 000	应付账款			225 000
预付账款			80 000	预收账款			361 720
其他应收款			5 000	应付职工薪酬			43 500
存货			1463 700	应交税费			95 000
持有待售资产				其他应付款			50 000
一年内到期非流动资产				持有待售负债			
其他流动资产				一年内到期非流动负债			1 000 000
流动资产合计			**5 616 700**	其他流动负债			
非流动资产：				流动负债合计			2 475 220
可供出售金融资产				非流动负债：			
持有至到期投资				长期借款			1 500 000
长期应收款				应付债券			
长期股权投资			800 000	长期应付款			
投资性房地产				预计负债			
固定资产			3 304 000	递延收益			
在建工程				递延所得税负债			
生产性生物资产				其他非流动负债			
油汽资产				非流动负债合计			
无形资产			1 358 500	负债合计			3 975 220
开发支出				所有者（或股东）权益：			
商誉				实收资本（或股本）			5 000 000
长期待摊费用				他权益工具			
递延所得税资产				资本公积			576 000
其他非流动资产				其他综合收益			
非流动资产合计			5 462 500	盈余公积			380 000
				未分配利润			1 147 980
				所有者（股东）权益合计：			7 103 980
资产总计			11 079 200	负债和所有者权益总计			11 079 200

图 13-38　久美服饰 2021 年 3 月资产负债表

业务二

1. 根据万和陶瓷 2021 年 1～2 月的损益类账户及相关资料，编制该公司 2021 年 1～2 月损益类账户累计发生额，如图 13-52 所示。

2. 根据编制好的图 13-52 及有关资料，填列该公司 2021 年 2 月利润表的本期数，如图 13-53 所示。

万和陶瓷 2021 年 1~2 月损益类账户累计发生额

账户名称	借方累计发生额	贷方累计发生额	账户名称	借方累计发生额	贷方累计发生额
主营业务收入	9 540 080	9 540 080	财务费用	372 000	372 000
其他业务收入	519 900	519 900	其中：利息费用	276 900	276 900
主营业务成本	4 851 880	4 851 880	利息收入	9 750	9 750
其他业务成本	355 000	355 000	投资收益	200 000	200 000
税金及附加	438 900	438 900	资产处置收益	34 000	34 000
销售费用	1 125 000	1 125 000	营业外收入	50 000	50 000
管理费用	1 056 800	1 056 800	营业外支出	40 000	40 000
其中：研发费用	134 550	134 550	所得税费用	436 100	436 100

图 13-52　万和陶瓷 2021 年 1~2 月损益类账户累计发生额

利　润　表（简表）

会企 02 表

编制单位：晋江先海百货　　　　2021 年 2 月　　　　单 位：元

项　　目	本期金额	上期金额
一、营业收入	10 059 980.00	略
减：营业成本	5 206 880.00	
税金及附加	438 900.00	
销售费用	1 125 000.00	
管理费用	922 250.00	
研发费用	134 550.00	
财务费用（收益以“-”号填列）	372 000.00	
其中：利息费用	276 900.00	
利息收入	9 750.00	
资产减值损失		
信用减值损失		
加：其他收益		
投资收益（损失以“-”号填列）	-200 000.00	
其中：对联营企业和合营企业的投资收益		
净敞口套期收益（损失以“-”号填列）		
公允价值变动收益（损失以“-”号填列）		
资产处置收益（损失以“-”号填列）	34 000.00	
二、营业利润	1 694 400.00	
加：营业外收入	50 000.00	
减：营业外支出	40 000.00	
三、利润总额（亏损总额以“-”号填列）	1 704 400.00	
减：所得税费用	436 100.00	
四、净利润（净亏损以“-”号填列）	1 268 300.00	
㈠ 持续经营净利润（亏损总额以“-”号填列）	1 268 300.00	
五、其他综合收益的税后净额		
六、综合收益总额	1 268 300.00	
七、每股收益（普通股总股本 2000 万股）	0.063415	
㈠基本每股收益	0.063415	
㈡稀释每股收益	0.063415	

说明：本公司没有潜在普通股，所以基本每股收益等于稀释每股收益。

图 13-53　万和陶瓷 2021 年 2 月份利润表

业务三

现金流量表

会企03表

编制单位： 年 月 单位：万元

项 目	行次	金 额
一、经营活动产生的现金流量		
销售商品、提供劳务收到的现金		334 000
收到的税费返还		12 000
收到的其他与经营活动有关的现金		0
现金流入小计		346 000
购买商品、接受劳务支付的现金		230 000
支付给职工以及为职工支付的现金		163 500
支付的各种税费		40 000
支付的其他与经营活动有关的现金		22 800
现金流出小计		456 300
经营活动产生的现金流量净额		−110 300
二、投资活动产生的现金流量		
收回投资所收到的现金		
取得投资收益所收到的现金		
处置固定资产、无形资产和其他长期资产收回现金净额		400
收到其他与投资活动有关的现金		
现金流入小计		400
购建固定资产、无形资产和其他长期资产所支付的现金		180 000
投资所支付的现金		380 000
支付其他与投资活动有关的现金		
现金流出小计		560 000
投资活动产生的现金流量净额		−559 600
三、筹资活动产生的现金流量		
吸收投资所收到的现金		
借款所收到的现金		500 000
收到的其他与筹资活动有关的现金		
现金流入小计		500 000
偿还债务所支付的现金		
分配股利、利润所支付的现金		
支付的其他与筹资活动有关的现金		
现金流出小计		
筹资活动产生的现金流量净额		500 000
四、汇率变动对现金的影响		0
五、现金及现金等价物净增加额		−169 900
加：期初现金及现金等价物余额		328 000
六、期末现金及现金等价物余额		158 100

图13−56 著龙服饰2021年8月份现金流量表

项目十四 财务会计综合练习

理论题答案

一、判断题

1. √ 2. × 3. × 4. × 5. √ 6. √ 7. √ 8. × 9. × 10. × 11. √ 12. ×
13. √ 14. √ 15. × 16. × 17. √ 18. √ 19. √ 20. × 21. × 22. √
23. × 24. × 25. √ 26. × 27. √ 28. × 29. × 30. √ 31. √ 32. ×
33. √ 34. √ 35. × 36. √ 37. √ 38. √ 39. √ 40. ×

二、单项选择题

1. B 2. A 3. A 4. C 5. B 6. D 7. C 8. B 9. C 10. C 11. D 12. D
13. A 14. A 15. D 16. D 17. B 18. C 19. B 20. B 21. A 22. A 23. A
24. C 25. A 26. D 27. D 28. B 29. D 30. B 31. A 32. D 33. D 34. D
35. B 36. C 37. C 38. D 39. D 40. D

三、多项选择题

1. ABC 2. AB 3. AC 4. ABCD 5. BD 6. CD 7. BCD 8. ACD 9. AB
10. ABC 11. BC 12. CD 13. ACD 14. BCD 15. ABC 16. AB 17. AC
18. AB 19. ABD 20. ABC 21. ABCD 22. ABC 23. AD

业务题答案

业务一

(一) 编制记账凭证(以会计分录代替)

1. 根据业务(1)编制“银行收款凭证14号(简称银收14)”:

借:银行存款	60 000.00
贷:预付账款——太和公司	30 000.00
营业外收入	30 000.00

2. 根据业务(2)编制“银行付款凭证11号(简称银付11)”:

借:固定资产——融资租赁固定资产	1 000 000.00
应交税费——应交增值税(进项税额)	130 000.00
贷:长期应付款——太和公司	800 000.00
银行存款	330 000.00

3. 根据业务(3)编制“银行付款凭证12号(简称银付12)”:

借:管理费用	3 000.00
贷:银行存款	3 000.00

4. 根据业务(4)编制“银行付款凭证 13 号(简称银付 13)”：

借：库存现金　　1 000.00
　贷：银行存款　　1 000.00

5. 根据业务(5)编制“银行收款凭证 15 号(简称银收 15)”：

借：银行存款　　18 720.00
　贷：应收账款——本本商城　　18 720.00

6. 根据业务(6)编制“银行付款凭证 14 号(简称银付 14)”：

借：预付账款——预付报刊杂志费　　3 600.00
　贷：银行存款　　3 600.00

(二) 根据 1~6 的银行收、付款凭证登记银行存款日记账。如图 14-1 所示。

银行存款日记账

21年		凭证	结算	摘　要	借方金额									核	贷方金额									核	结存									核
月	日	号数	方式		百	十	万	千	百	十	元	角	分	对	百	十	万	千	百	十	元	角	分	对	百	十	万	千	百	十	元	角	分	对
12	20		略	略																					1	0	0	5	0	8	0	0	0	
12	21	银收 14	信汇凭证 927013	太和违约还双倍定金			6	0	0	0	0	0	0												1	0	6	5	0	8	0	0	0	
12	22	银付 11	电汇凭证 935401	付进口材料关税、增值税												3	3	0	0	0	0	0	0			7	3	5	0	8	0	0	0	
12	25	银付 12	转账支票 001988	付招待餐费														3	0	0	0	0	0			7	3	2	0	8	0	0	0	
12	28	银付 13	现金支票 182956	提取现金														1	0	0	0	0	0			7	3	1	0	8	0	0	0	
12	31	银收 15	转账支票 002175	收到货款			1	8	7	2	0	0	0													7	4	9	8	0	0	0	0	
12	31	银付 15	现金支票 187477	支付明年书报杂志费														3	6	0	0	0	0			7	4	6	2	0	0	0	0	

图 14-1　银行存款日记账

(三) 与银行对账单(见图 14-2)核对，找出未达账项。

企业未达账项有：

12 月 31 日，银行代企业支付水费 1 100 元，企业未收到通知尚未入账。

12 月 31 日，银行代企业收到客户预付的货款，尚未通知企业，企业没有入账。

银行未达账项有：

12 月 31 日，企业收到一张面额 18 720 转账支票，尚未通知银行，银行未入账。

12 月 31 日，企业开出一张面额 3 600 的现金支票，客户尚未到银行办理，银行未入账。

(四) 编制“银行存款余额调节表”，如图 14-3 所示。

银行存款余额调节表

银行账号：—— 2021 年 12 月 31 日 币种：人民币

银行对账单	金额									银行存款日记账	金额								
	百	十	万	千	百	十	元	角	分		百	十	万	千	百	十	元	角	分
调节前的余额		7	6	9	9	8	0	0	0	调节前的余额		7	4	6	2	0	0	0	0
加：企业已收银行未收款项			1	8	7	2	0	0	0	加：银行已收企业未收款项			4	0	0	0	0	0	0
减：企业已付银行未付款项				3	6	0	0	0	0	减：银行已付企业未付款项				1	1	0	0	0	0
调节后的余额		7	8	5	1	0	0	0	0	调节后的余额		7	8	5	1	0	0	0	0

会 计：杨佳兴 出 纳：黄洋洋

图 14-3 银行存款日记账

业务二

2. 编制收到票据的记账凭证(用会计分录代替)：

借：应收票据——本本商城 13 560.00

  贷：主营业务收入 12 000.00

  应交税费——应交增值税(销项税额) 1 560.00

3. 票据贴现。

(1) 计算票据到期值：

到期值 = 13 560+13 560×10%÷12×4 = 14 012(元)

(2) 计算票据贴现息：

贴现息 = 14 012×6%÷12×2 = 140. 12(元)

(3) 计算票据贴现时实收金额：

贴现净额 = 14 012−140. 12 = 13 871. 88(元)

(4) 编制贴现的记账凭证(用会计分录代替)：

借：银行存款 13 871. 88

  贷：短期借款 13 560. 00

  财务费用 311. 88

4. 汇票到期，对方按时支付面额及票面利息：

借：短期借款 13 560. 00

  贷：应收票据 13 560. 00

业务三

1. 2021 年华立公司资产负债表日。

(1) 签订销售合同的 6 000 台 6 英寸 5G 智能手机的可变现净值 =

6 000×(3 800−30) = 22 620 000(元)

(2) 未签销售合同的 6 000 台 6 英寸 5G 智能手机的可变现净值 =

4 000×(3 880−30) = 15 400 000(元)

(3) 全部 10 000 台 6 英寸 5G 智能手机的可变现净值 =

22 620 000+15 400 000=38 020 000(元)

2. 存货跌价准备。

(1) 跌价准备金额：

里布应提的减值准备=26 500-28 000=-1 500(元)

拉链应提的减值准备=12 700-15 000=-2 300(元)

(2) 提取跌价准备的分录：

借：资产减值损失——提取存货跌价准备　14 600.00
　　贷：存货跌价准备　14 600.00

(3) 已提跌价准备的里布出售：

结转已销里布成本：

借：其他业务成本——里布　28 000.00
　　贷：原材料——里布　28 000.00

冲减已提的存货跌价准备：

借：存货跌价准备　1 500.00
　　贷：其他业务成本　1 500.00

(4) 2022 年 12 月 31 日，已提跌价准备的拉链价格回升：

借：存货跌价准备　2 300.00
　　贷：资产减值损失——提取存货跌价准备　2 300.00

业务四

1. 将不需用的制线生产线转为经营出租用生产线，编制记账凭证(以会计分录代替)：

借：固定资产——经营出租固定资产　180 000.00
　　贷：固定资产——不需用固定资产　180 000.00

2. 按月提取折旧 3 000 元：

借：其他业务成本　3 000.00
　　贷：累计折旧　3 000.00

3. 转账收取每月租金 4 000 元、增值税 520 元：

借：银行存款　4 520.00
　　贷：其他业务收入　4 000.00
　　　　应交税费——应交增值税(销项税额)　520.00

4. 租赁期一年，期满，收回出租设备：

借：固定资产——不需用固定资产　180 000.00
　　贷：固定资产——经营出租固定资产　180 000.00

业务五

1. 九星集团 10 月 8 日购进 B 材料，编制相应的记账凭证：

借：原材料——B 3 000 000.00

应交税费——应交增值税(进项税额) 390 000.00

贷：银行存款 3 390 000.00

2. 九星集团10月12日，发现有20 000元的B材料霉变，编制处理前的记账凭证：

借：待处理财产损溢——待处理流动资产损溢 22 600.00

贷：原材料——B 20 000.00

应交税费——应交增值税(进项税额转出) 2 600.00

3. 九星集团10月25日销售产品，编制相应的记账凭证：

借：银行存款 6 780 000.00

贷：主营业务收入 6 000 000.00

应交税费——应交增值税(销项税额) 780 000.00

4. 九星集团10月28日将一批外购B材料用于职工福利，编制相应的记账凭证：

借：应付职工薪酬——福利费 56 500.00

贷：原材料——B 50 000.00

应交税费——应交增值税(进项税额转出) 6 500.00

5. 九星集团10月30日转账支付本月应交增值税，请编相应的记账凭证：

借：应交税费——应交增值税(已交) 500 000.00

贷：银行存款 500 000.00

6. 九星集团10月31日结转多交的增值税，编制相应的记账凭证：

借：应交税费——未交增值税 100 900.00

贷：应交税费——应交增值税(转出多交增值税) 100 900.00

根据业务1~6登的"应交税费——应交增值税"明细账如图14-5所示。

应交税费—应交增值税

单位：元

日期		凭证 ∧ 略 ∨	摘要	借方					贷方					借或贷	余额
				合计	进项税额	已交税金	出口抵销内销产品应纳税额	转出未交增值税	合计	销项税额	出口退税	进项税额转出	转出多交增值税		
9	…	…	…	…	…	…	…	…	…	…	…	…	…	平	0
9	30		本月合计	677 300	261 300	400 000		16 000	677 300	676 000		1 300		平	0
10	08	略	采购材料	390 000	390 000									借	390 000
10	12	略	材料盘亏						2 600			2 600		借	387 400
10	25	略	销售产品						780 000	780 000				贷	392 600
10	28	略	职工福利						6 500			6 500		贷	399 100
10	30	略	交增值税	500 000		500 000								借	100 900
10	31	略	转出多交						100 900				100900	平	0
			本月合计	890 000	390 000	500 000			890 000	780 000		9 100	100900		

图14-5 应交增值税明细账

业务六

资 产 负 债 表

2021 年 12 月 31 日

会企 01 表

编制单位：

单 位：元

资　　产	行次	年初数	年末数	负债及所有者权益	行次	年初数	年末数
流动资产：				流动负债：			
货币资金			938 000	短期借款			400 000
以公允价值计量且变动计入当期损益的金融资产		略		以公允价值计量且变动计入当期损益的金融负债		略	
衍生金融资产				衍生金融负债			
应收票据			200 000	应付票据			235 000
应收账款			440 000	应付账款			187 000
预付账款			92 000	预收账款			220 000
其他应收款			5 000	应付职工薪酬			30 000
存货			1 070 000	应交税费			15 000
持有待售资产				其他应付款			
一年内到期非流动资产				持有待售负债			
其他流动资产				一年内到期非流动负债			150 000
流动资产合计			2 745 000	其他流动负债			
非流动资产：				流动负债合计			1 237 000
可供出售金融资产				非流动负债：			
持有至到期投资				长期借款			1 500 000
长期应收款				应付债券			
长期股权投资			600 000	长期应付款			190 000
投资性房地产				预计负债			
固定资产			1 850 000	递延收益			
在建工程			912 000	递延所得税负债			
生产性生物资产				其他非流动负债			
油汽资产				非流动负债合计			1 690 000
无形资产			260 000	负债合计			2 927 000
开发支出				所有者（或股东）权益：			
商誉				实收资本（或股本）			3 000 000
长期待摊费用				他权益工具			
递延所得税资产				资本公积			120 000
其他非流动资产				其他综合收益			
非流动资产合计			3 622 000	盈余公积			300 000
				未分配利润			20 000
				所有者（股东）权益合计：			3 440 000
资产总计			6 367 000	负债和所有者权益总计			6 367 000

图 14-8　资产负债表